中国社会科学院马克思主义理论学科建设与理论研究工程系列丛书

改良与重塑：
英国社会主义的历史与现状研究

邢文增　著

中国社会科学出版社

图书在版编目（CIP）数据

改良与重塑：英国社会主义的历史与现状研究 / 邢文增著 . —北京：中国社会科学出版社，2020.10
（中国社会科学院马克思主义理论学科建设与理论研究工程系列丛书）
ISBN 978 - 7 - 5203 - 3753 - 3

Ⅰ.①改… Ⅱ.①邢… Ⅲ.①社会主义—政治思想史—研究—英国—现代 Ⅳ.①D095.61

中国版本图书馆 CIP 数据核字 (2018) 第 288466 号

出 版 人	赵剑英
责任编辑	田　文
责任校对	张爱华
责任印制	王　超

出　　版	中国社会科学出版社
社　　址	北京鼓楼西大街甲 158 号
邮　　编	100720
网　　址	http://www.csspw.cn
发 行 部	010 - 84083685
门 市 部	010 - 84029450
经　　销	新华书店及其他书店
印　　刷	北京君升印刷有限公司
装　　订	廊坊市广阳区广增装订厂
版　　次	2020 年 10 月第 1 版
印　　次	2020 年 10 月第 1 次印刷

开　　本	710×1000　1/16
印　　张	12.75
字　　数	181 千字
定　　价	76.00 元

凡购买中国社会科学出版社图书，如有质量问题请与本社营销中心联系调换
电话：010 - 84083683
版权所有　侵权必究

前　言

在社会主义发展史上，英国的社会主义思想和运动有着非常特殊的地位。1516年，托马斯·莫尔的《乌托邦》一书出版，被认为是现代空想社会主义的起点，也标志着社会主义作为一种理论思潮正式形成。1848年，马克思和恩格斯合著的《共产党宣言》在英国伦敦第一次出版，标志着科学社会主义理论正式诞生。在社会主义理论和思潮的推动下，英国的工人运动日益高涨，一系列左翼组织和政党相继建立。1900年，英国工党成立。1920年，英国共产党成立，这是科学社会主义和英国工人运动相结合的产物。英国共产党成立后，积极参与和领导工人运动，力量不断壮大，成为英国社会中一支重要的政治力量。

然而，在冷战期间，由于英国共产党自身的原因和国际环境的变化，其力量不断被削弱。与其他欧洲发达国家共产党相比，英国共产党的边缘化和衰退现象尤为突出，之后更名为"民主左翼"，彻底社会民主党化。而与共产党的表现形成鲜明对比的是，以民主社会主义为理论基础的英国工党迅速发展，成为英国轮流执政的两大政党之一，影响力与日俱增。苏东剧变后，英国共产党进行了重组，英国共产党（晨星报派）接过了英国共产党的名称与旗帜，坚持以马克思主义理论为指导，主张将马克思主义与本国斗争实际相结合。英国工党则在布莱尔上台后开始推行"第三条道路"，由左翼政党转为中左翼政党。2010年以来，面对不利局面，工党开始出现重新左转的迹象，尤其是在科尔宾当选工党领袖后，提出了一系列激进措施，力图扭转工党在民众心中的形象。

英国社会主义的发展之所以会呈现出这种局面，一方面与英国的历史传统、国内形势和国际环境等客观因素有关，另一方面也是各政党在自身的理论建设、组织建设等方面存在问题。同时，英国社会主义发展所面临的问题也是世界社会主义运动在发达国家面临的一个普遍问题。

马克思和恩格斯在对资本主义基本矛盾及社会发展规律进行分析的基础上，提出了"两个必然"的观点，认为资产阶级的灭亡和无产阶级的胜利是同样不可避免的。他们根据当时世界尤其是西欧国家的社会矛盾和工人运动状况，认为，社会主义革命只能在全部或大部分发达的资本主义国家同时爆发才能取得胜利。恩格斯在《共产主义原理》中也指出，共产主义革命发展得较快或较慢，要看这个国家是否有较发达的工业、较多的财富和比较大量的生产力。之后，随着国际形势的发展变化，列宁通过对帝国主义的分析丰富和发展了马克思和恩格斯的理论，指出，由于在帝国主义时代资本主义世界经济体系和统一的世界市场有了进一步的发展，各国都成为资本主义整体链条的一个环节，而社会主义革命的基本条件已经在整个资本主义的世界体系内成熟起来，因此，对单一的资本主义国家而言，其工业是否发达并不构成其社会主义革命成功与否的必要条件。社会主义革命可以在最发达的国家实现，也可能在资本主义链条最为薄弱的环节如俄国这样的国家首先爆发并取得胜利。然而，对于发达资本主义国家而言，到底如何过渡到社会主义？共产党应如何发展自己的力量，如何处理与其他左翼政党的关系？这些问题都是世界社会主义运动中需要解决的问题，也是丰富和发展科学社会主义理论所需要回答的问题。要解决这些问题，必须要对发达国家社会主义发展的历史与现状进行全面的分析。英国作为发达国家的一员，研究其社会主义发展历程对分析和解决上述问题具有重要意义。

迄今为止，国内外对英国的社会主义也做了许多研究，主要集中在几个方面：一是对英国社会主义思潮的研究，尤其是对在历史上影响较大的空想社会主义、费边社会主义、民主社会主义等思潮的研究。如普列汉诺夫等的《论空想社会主义》，张明贵的《费边社会主义思想》，乔·柯尔的《社会主义思想史》，王伟光主编的《社会主义通史》等。二是对英国共产党和共产主义运动的研究。如商文斌的《战后英共的社会主义理论及英共衰退成因研究》详细阐释了英国共产党的创立、发展及其衰退的过程，英国学者拉斐尔·塞缪尔的《英国共产主义的失落》再现了20世纪40年代的英国共产主义运动，等等。三是对英国工党及其理论的研究。基于工党在英国政坛的地位，国内外一直将工党及其理论作为研究重点。如英国的亨利·佩林的《英国工党简史》，安东尼·吉登斯的《第三条道路——社会民主主义的复兴》《第三条道路及其批评》，安东尼·克罗斯兰的《社会主义的未来》，斯图亚特·汤普森的《社会民主主义的困境：思想意识、治理与全球化》，鲍威尔的《新工党，新福利国家？》，我国学者李华峰的《英国工党政坛沉浮与主导思想的关系研究》，刘成的《英国现代转型与工党重铸》，裘援平、柴尚金、林德山的《当代社会民主主义与第三条道路》，阮宗泽的《第三条道路与新英国》，等等。四是从总体研究英国社会主义的发展史。这方面的论著很少，主要代表作为德国学者马克斯·比尔的《英国社会主义史》。

从国内外的研究概况来看，尽管学界已经对英国社会主义进行了大量研究，但仍存在一些不足之处，主要表现在两个方面：一方面，目前的研究多侧重于对英国社会主义的一部分如社会主义思潮、英国共产党等进行分析阐释，缺乏对英国社会主义发展的历史及现状的总体研究；另一方面，尽管有极少部分著作对英国社会主义的发展史进行了总体分析，但从其涵盖的范围来看，对第二次世界大战后尤其是21世纪以来英国社会主义的最新发展状况没有进行系统的研判。因此，本书力图对英国社会主义的发展进行系统研究，全面展示英国社会主义的历史与现状。

在研究内容上，本书对英国社会主义的发展进行了系统梳理，详细阐释了从空想社会主义在英国的诞生到英国共产党和其他社会主义力量、思潮的最新发展情况，力求全面展示社会主义在英国的发展进程。只有在此基础上，才能正确把握英国社会主义所面临的问题及其发展前景。

在研究方法上，本书运用马克思主义的基本立场、观点和方法，采用理论与实际相结合、历史与现实相对照的方法，深入分析英国共产党及其他社会主义力量兴衰的原因。社会主义思潮在英国曾占据过重要地位，英国共产党和其他左翼政党也取得过不俗的成就。尽管其社会主义运动一度陷入低潮，但在2008年金融危机发生后，随着英国社会不平等状况的日益加剧和基本矛盾的加深，马克思主义和社会主义价值取向越来越受到重视，工人罢工运动接连不断，这些都为推进社会主义的发展在积蓄着力量。通过对英国社会主义的历史与当前的现实相对照，不仅能更准确地把握社会主义取代资本主义的历史必然性和这一过程的曲折性，也能对社会主义在英国的发展前景有更清楚的认识。

目 录

第一章　社会主义在英国的源起与发展 …………………………（1）
　　第一节　空想社会主义的提出 ………………………………（1）
　　第二节　费边社的社会主义思想 ……………………………（14）
　　第三节　劳工运动的发展与英国工党的成立 ………………（22）
　　第四节　科学社会主义与英国共产党的成立与发展 ………（31）

第二章　冷战时期社会主义在英国的兴衰 ………………………（36）
　　第一节　冷战期间英国工党的发展 …………………………（36）
　　第二节　冷战期间英国共产党的理论探索及其分裂 ………（47）

第三章　苏东剧变以来英国共产党对社会主义的新探索 ……（60）
　　第一节　苏东剧变后英国共产党力量的重组与发展 ………（60）
　　第二节　英国共产党对资本主义的批判 ……………………（65）
　　第三节　英国共产党对社会主义的理论探索 ………………（73）
　　第四节　英国共产党的社会政治实践 ………………………（85）

第四章　苏东剧变以来英国工党的转型与发展 ………………（96）
　　第一节　"新工党"与"第三条道路" …………………………（96）
　　第二节　金融危机以来英国工党的变化 ……………………（120）

第五章　苏东剧变以来英国的左翼思潮、组织与活动 ………（138）
　　第一节　英国左翼学者的社会主义思想 ……………………（138）

第二节　英国左翼组织及其活动……………………（160）

第六章　英国社会主义发展的总体特征与前景 ……………（175）

参考文献 ……………………………………………（186）

第一章　社会主义在英国的源起与发展

作为历史上率先实行工业革命的资本主义国家以及曾经的"日不落帝国",英国很早就出现了资本主义生产关系的萌芽,而这也催生了社会主义思想的形成与发展。它不仅是近代社会主义思想的发源地,也是《共产党宣言》的发表问世之地,其社会主义思想和运动在社会主义发展史上具有非常重要的地位。

第一节　空想社会主义的提出

空想社会主义是马克思主义的三个理论来源之一。虽然其是不成熟的社会主义学说,但作为反映早期无产者的经济利益和政治诉求的理论,它对资本主义对无产者的压迫和剥削以及资本主义私有制的弊端进行了批判,并对未来社会提出了设想,为科学社会主义理论的提出奠定了理论基础。

一　莫尔的空想社会主义

1516年托马斯·莫尔的《乌托邦》一书在比利时的卢文城出版,书的全名为《关于最完美的国家制度和乌托邦新岛的既有益又有趣的金书》。该书以对话体的形式,描述了一个实行财产公有制度的理想国家,因此被认为是近代空想社会主义"思潮的起点"①。

1. 对资本主义私有制的批判

莫尔生活的年代正值欧洲封建制度开始解体，资本主义刚刚兴起，开始了资本的原始积累。在这一时期，毛纺织业是当时发展最快的一个部门，英国则是羊毛原料的最大供应者。为获取更多的利润，英国新兴的资产阶级和新贵族通过暴力途径残酷剥夺农民的土地，制造了历史上有名的"羊吃人"惨象，正如马克思所指出的，"资本来到世间，从头到脚，每个毛孔都滴着血和肮脏的东西"②。作为英国资本原始积累的历史见证人，莫尔通过对英国当时社会的考察，对资本主义私有制的本质进行了深刻的揭露和批判。

首先，莫尔批判了圈地运动及其所造成的社会对立。对于圈地运动，莫尔形象地称之为"羊吃人"运动。他写道，羊"一向是那么驯服，那么容易喂饱，据说现在变得很贪婪，很凶蛮，以至于吃人，并把你们的田地，家园和城市蹂躏成废墟"③。造成这种现象的正是那些"为害本国的贪得无厌者"，他们"把每寸土都围起来做牧场，房屋和城镇给毁掉了，只留下教堂当作羊栏"④。圈地运动的结果是，一方面，"佃农从地上被撵走……是在欺诈和暴力手段之下被剥夺了自己的所有，或是受尽冤屈损害而不得不卖掉本人的一切。这些不幸的人在各种逼迫之下非离开家园不可——男人、女人、丈夫、妻子、孤儿、寡妇、携带儿童的父母……离开他们所熟悉的唯一家乡，却找不到安身的去处"⑤。另一方面，社会财富日趋集中到新贵族和新兴资产阶级手中，他们"像雄蜂一

---

① ［俄］普列汉诺夫等：《论空想社会主义》（上卷），中国人民大学编译室等译，商务印书馆1980年版，第189页。
② 《马克思恩格斯文集》第5卷，人民出版社2009年版，第871页。
③ ［英］托马斯·莫尔：《乌托邦》，戴馏龄译，商务印书馆1982年版，第21页。
④ 同上书，第21页。
⑤ 同上书，第21—22页。

样，一事不做，靠别人的劳动养活自己"①。莫尔对圈地运动的抨击，反映出他已经朦胧地意识到这个社会分裂成了对立的两个集团，也代表着破产农民对资本原始积累的控诉和抗议，正因此，马克思称他是为现代无产阶级的前辈受"圈地"之害"大鸣不平"的人，并指出："如果说把哪一种财产称为盗窃更确切的话，那末不列颠贵族的财产就是名副其实的盗窃。掠夺教会的财产，掠夺公社的土地，通过欺诈和消灭兼施的办法把封建的宗法的财产变为私人财产，——这就是不列颠贵族占有领地的法律根据。"②

其次，揭示了贫富对立和不平等的根源在于资本主义私有制。在社会主义思想史上，莫尔首次指出了私有制是造成人民贫困和社会对立的根源。他写道："私有制存在一天，人类中绝大的一部分也是最优秀的一部分将始终背上沉重而甩不掉的贫困灾难担子"，"任何地方私有制存在，所有的人凭现金价值衡量所有的事物，那么，一个国家就难以有正义和繁荣"③。在他看来，仅仅进行局部性改革，对私有制采取某些限制，其结果只能是减轻某些弊端，而不能从根本上解决社会对立问题。因此，他主张彻底地废除包括资本主义在内的所有的私有制。他认为，只有完全废除私有制，才能消除贫富不均、两极对立，消除贪婪、争讼、掠夺、战争以及一切社会罪恶的根源，使人人平等地享有一切、获得幸福。

最后，对封建君主专制的国家和法律进行了尖锐批判。早在13世纪，英国就颁布了《默顿法令》，授权庄园领主圈占自由佃户不需要的荒地。其后，圈占的土地由荒地向公有地以至份地发展，圈地现象也愈演愈烈，失地农民则不得不接受资本的奴役和剥削。在这一过程中，英国专制政府对广大农民的血腥镇压以及颁布的多项圈地法令为新兴的资产阶级和新贵族提供了法律和制度保障。

---

① [英] 托马斯·莫尔：《乌托邦》，戴镏龄译，商务印书馆1982年版，第19页。
② 《马克思恩格斯全集》第8卷，人民出版社1961年版，第575页。
③ [英] 托马斯·莫尔：《乌托邦》，戴镏龄译，商务印书馆1982年版，第44、43页。

因而，莫尔对国家的实质进行了批判，指出，现今一切繁荣的国家"无非是富人狼狈为奸，盗用国家名义为自己谋利"①。而所谓的法律，不过是"富人假借公众名义，即是说也包括假借穷人的名义，把他们的花招规定为必须遵守的东西，这样的花招便成为法律了！"②

2. 对未来社会的构想

在《乌托邦》中，莫尔将未来理想社会称之为乌托邦共和国，并详细描绘了其蓝图。

在政治制度上，乌托邦实行民主政治制度。最高权力机关是元老院，由每个城市每年选派三名德高望重的长者组成。各级官员一律通过选举产生。每30户家庭设长官一人，名"飞拉哈"，每10个"飞拉哈"产生一名"首席飞拉哈"。每个城市的最高首领由各区人民提名，由"飞拉哈"秘密投票产生。

在经济制度上，乌托邦具有以下特点：一是不存在私有制，"一切归全民所有……每人一无所有，而又每人富裕"③；二是生产部门分为农业和手工业，生产根据国家统一计划有组织进行，凡有劳动能力的人，都必须参加生产劳动，每天的劳动只需6小时；三是消费实行按需分配。各家庭将生产的工农业产品都交给仓库，并从仓库领取家庭所需的一切；四是建立公共食堂，实行免费医疗，已经丧失劳动力的人也将受到和仍然从事劳动的人同样的照顾；五是除对外贸易保留商品交换和货币流通外，国内经济已废除了商品和货币。

在文化教育制度上，乌托邦重视教育和科学文化的发展。在那里，建立了公共的、平等的、普遍的教育。所有男女儿童一律进入学校，求取知识，修养品德。而对于乌托邦人民来说，"无论男

---

① [英]托马斯·莫尔：《乌托邦》，戴镏龄译，商务印书馆1982年版，第117页。
② 同上。
③ 同上书，第115页。

女，总是把体力劳动后的剩余时间一辈子花在学习上"①。

从上述论述可以看出，在资本主义尚处于萌芽阶段时，莫尔就对其矛盾和弊端进行了深刻的洞察和揭露，意识到了产生贫富对立和社会问题的根源在于私有制。不仅如此，莫尔在历史上第一次描绘了空想共产主义制度的完整图景。尽管由于时代和认识所限，莫尔没能认识到资本主义私有制的特点和解决私有制造成的社会弊端的正确方法，对社会主义取代资本主义这一历史的必然还不能作出科学的说明，但总的来说，其思想开创了社会主义学说史的先河，启发了早期无产者的觉悟，为后来的空想社会主义和马克思主义提供了宝贵的思想资料。也正因此，考茨基曾对其作出了高度评价，认为莫尔通过《乌托邦》表达出来的"社会主义使他永垂不朽"②。

二 温斯坦莱的空想社会主义

经过1642—1646年第一次国内战争和1648年第二次国内战争，英国资产阶级推翻了斯图亚特王朝的统治，于1649年成立了资产阶级共和国。但在资产阶级革命中发挥决定作用的农民并没有在由资产阶级和新贵族组成的联合政权中获得好处，相反，连年战争造成田园荒芜、工商业凋敝、物价飞涨、赋税猛增，致使农民生活更加困苦。恩格斯这样描述道，"很奇怪的是：在资产阶级的这三次大起义中，农民提供了战斗大军，而农民恰恰成为在胜利后由于胜利带来的经济后果而必然破产的阶级。"③在这一背景下，英国出现了掘地派运动，温斯坦莱成为这一运动的领导者之一，并在领导掘地派运动期间写下了《真正的平均派举起的旗帜》《给费尔法克斯阁下及其军事会议的信》《英国被压迫的穷人

---

① [英]托马斯·莫尔：《乌托邦》，戴镏龄译，商务印书馆1982年版，第60页。
② [德]卡尔·考茨基：《莫尔及其乌托邦》，关其侗译，生活·读书·新知三联书店1963年版，第173页。
③ 《马克思恩格斯文集》第3卷，人民出版社2009年版，第511页。

的宣言》《自由法》等体现其空想共产主义思想的论著。

1. 对土地私有制的批判

作为掘地派的领袖，温斯坦莱深刻体会到了农民失去土地后的艰辛，因而，他以土地私有制为核心，探索私有制的产生及其引起的社会苦难。

温斯坦莱认为，土地私有制并不是从来就有的，在混沌初开之时，土地是人类共同的财富，也不存在人压迫人和人剥削人。但随着贪婪和自私代替了理性和正义精神，土地被统治者瓜分，许多人陷入了被奴役的状态，"本来为了让一切人过丰衣足食的生活和作为共同宝库而被创造出来的土地，由于一些人对另一些人的不正义行为而变成了一些人折磨另一些人的地方"①。

温斯坦莱指出，在诺曼人征服英国以前，英国的土地是共有的，但在征服者威廉入侵后，就把英国的土地分配给他的军官和士兵，于是产生了私有土地、贵族和僧侣的特权以及奴役性的法律。要改变被压迫的穷人的现状，必须要废除私有制，"把叫做私有财产的这个可诅咒的东西从创造物中驱逐出去，因为它是产生使人民陷于贫困之中的一切战争、流血、偷窃和奴役性法律的原因"②。

2. 对资产阶级共和国的批判

温斯坦莱对资产阶级革命后建立起来的资产阶级和新贵族的共和国进行了有力的批判，认为其是建立在国王的法律和原则之上的不公正的政权，是新的奴役制度。之所以这样说，一是因为国会对作为战利品的土地并没有在议会和人民之间进行平均的、公正的分配，而是通过买卖转移到了新贵族手中。二是共和国成立后，人民的生活更为悲惨。"现在的政府给乡绅以自由，使他们物资富足，他们把从穷人那里征收来的土地的宝藏都锁了起来，以致富人家的箱子都被金银财宝挤破，房子里到处都堆满粮食和各

---

① [英]温斯坦莱：《温斯坦莱文选》，任国栋译，商务印书馆2009年版，第7页。
② 同上书，第35页。

种财物，而穷人却用劳动才能勉强取得一切糊口的东西。他们如果不能像奴隶那样做工，就只有饿死。"① 三是共和国只是一个剥削阶级代替另一个剥削阶级，广大贫苦平民并未得到解放，"压迫仍然是一棵根深叶茂的大树，直到现在，还遮住自由的太阳，使它照不到穷苦的平民"②。四是共和国的法律是奴役人民的工具。"这个法律的权力，这个人民为自己塑造的巨大偶像，是对创造物的压迫，是游手好闲、奢侈、欺骗的源泉，是基督、正义之王的唯一敌人。"③ 总之，在温斯坦莱看来，在土地私有制消灭以前，在人剥削人和人压迫人的现象消灭以前，是不可能有真正的共和国的。

3. 对理想中真正自由的共和国的描述

温斯坦莱对未来共和国的设想，充分体现在其代表作《自由法》中。在《自由法》中，他以法律的形式，描绘了一个真正自由的共和国，规定了共和国的基本纲领。

对于什么是真正的自由，温斯坦莱认为，它是指"每个自由人都有使用土地、耕种土地、在土地上建筑房屋的自由，有从仓库获得他所需要的一切并不受任何限制地享用自己劳动果实的自由。"④ 而一个真正自由的共和国应具备以下特征：建立在土地公有制基础之上；劳动力不是商品，不容许买卖，土地和其他生产资料也不容许买卖；废除货币，禁止商品交易；家庭是生产单位，也是消费单位；实行民主政治制度，议会是国家的最高权力机关，政府是管理机构，要建立在彻底的民主主义基础之上；设有三级权力机构，即中央权力机构、省法院或郡议院、城市、中心区或教区的权力机构；公民拥有选举权和对公职人员的监督权，一切公职人员均由选举产生；重视法制，法律简短明确，便于人民掌

---

① ［英］温斯坦莱：《温斯坦莱文选》，任国栋译，商务印书馆2009年版，第70页。
② 同上书，第65页。
③ 同上书，第70页。
④ 同上书，第202页。

握和运用；重视对儿童的教育；实行一夫一妻制，等等。

三 欧文的空想社会主义

欧文生活的年代正值英国工业革命时期。1765年，哈格里夫斯发明的珍妮纺纱机揭开了英国工业革命的序幕，1771年英国出现了第一座水轮发动的纺织厂，1782年瓦特改良蒸汽机为"联动式蒸汽机"，等等。英国生产力开始飞速发展，由工厂手工业向机器大工业开始过渡，工人阶级的力量不断壮大，资本主义的矛盾和阶级对立日益明显。1825年，英国爆发了经济危机，这是世界资本主义的第一次经济危机，资本主义生产社会化和生产资料私人所有这一基本矛盾开始暴露出来。

在这一时代背景下，加之欧文自身开办工厂等经历，使其懂得了资本主义剥削的秘密，并在英国工人运动中发挥了重要作用。1833年10月，"大不列颠和爱尔兰全国产业部门大联合"（也称"全国生产大联盟"）成立，欧文当选为主席，成为英国职工会的奠基人和创始人。1834—1835年，欧文创办了《新道德世界周报》，展开了宣传共产主义的新运动。在这些活动中，欧文在一定程度上看到了无产阶级的力量和作用，也发表和出版了一系列主张消灭私有制，建立财产公有、权利平等和共同劳动的理想社会的论著，如《论工业体系的影响》《致拉纳克郡报告》《新道德世界书》《论婚姻、宗教和私有财产》等，阐明了其空想共产主义观点。

1. 对资本主义制度的批判

欧文认为私有制、宗教和现存的婚姻形式是阻碍社会改造的三大障碍，是"三位一体的祸害"，其中，私有制是资本主义社会的主要祸害，它"过去和现在都是人们所犯的无数罪行和所遭的无数灾祸的根源"[①]。在私有制下，雇员与雇主的关系是对立

---

① [英]欧文：《欧文选集》第2卷，柯象峰、何光来、秦果显译，商务印书馆2009年版，第11页。

的，雇主只把雇工看作获利的工具，这必然引起阶级对立和阶级冲突，因而，私有制"是各国的一切阶级之间的纷争的永久根源"①。他还指出，在私有制下，金钱成为富人们积敛财富的手段，"货币成了一种最流行的欺诈工具。富人们通过外行人所不了解的方式，利用货币从那些靠艰苦劳动创造最宝贵财富的人手里诈取这种财富，货币还被利用来使社会上且不说是最有害的成员，至少也是最无用的成员得以积攒财富和享用财富"，"这种人为的工具使不少人依靠牺牲大多数人而获得巨额财富，使居民必然陷入贫困和堕落的深渊。创造真正价值的人忍受上述疾苦，而制造人为价值或发行纸币、金币、银币和铜币的人却享受一切福利，因为现在他们用人为价值换取真正财富，就可以从中得到这种福利"。②欧文还接受了李嘉图的劳动价值理论，认为工人创造的价值比他生活消费的价值要大得多，而资本主义制度下的失业、贫困和饥饿是社会制度造成的，正是由于财富集中于少数人之手，导致大多数人沦为工资制度的奴隶，生活在贫困之中，这种贫富对立的根源则是资本主义私有制。就欧文对资本主义私有制的批判，马克思和恩格斯进行了高度评价，认为他猜到了"文明世界的基本缺陷"，并"对现代社会的现实基础进行了深刻的批判"③。

欧文不仅对资本主义私有制进行了批判，而且对资产阶级国家的政治制度进行了严厉批判，揭露了其虚伪性和欺骗性。在他看来，建立在私有制基础上的资产阶级政府，虽然表面上标榜自己维护人民的利益，实际上只是维护少数统治阶层的利益。对于普通民众来说，"各国政府都毫无合理目标地掠夺和折磨生产阶级，并为他们制造低劣、有害和罪恶的条件"，"政府经常会表示愿意

---

① ［英］欧文：《欧文选集》第2卷，柯象峰、何光来、秦果显译，商务印书馆2009年版，第147页。
② 同上书，第28—29页。
③ 《马克思恩格斯文集》第1卷，人民出版社2009年版，第290页。

保证人民的持久福利,然而实际上却采取极有效的办法去阻止这一目的的可能实现"①。根据他对历史上各种政体的考察,无论是封建专制还是立宪君主制、寡头统治、贵族政体、共和政体或民主政体,都是统治者维持其统治的工具,并没有为人民创造过幸福。而当前的不列颠政府更"是一切无知、贫困、疾病、不睦、犯罪和随之而来的那些目前普遍流行于不列颠境内的各种灾难的直接或间接的根源"②。

对于资产阶级的议会民主和选举制度,欧文认为这完全是一种骗局。这种选举"对选举人和被选举人都起道德败坏的作用,并给社会带来无数的灾祸。竞选激起最坏的欲念和进行各种欺骗;有利害冲突的党派,对敌手很少怀有好意、善心和宽容精神。"③ 在这种制度下,各政党进行的竞选活动必然充斥着明争暗斗、尔虞我诈、贿选舞弊,等等。因此,资产阶级议会民主完全是个幌子,实际上,"统治世界的只是强力和欺骗;强者始终欺骗弱者,或用暴力压迫弱者"④。

正是由于资本主义存在的这些弊端,因而对于资本主义这一罪恶之树,已经"没有任何一种力量可以使它再长期地存在下去了","应当赶快连根带干、连枝带果地把它砍掉",必须要"进行极其彻底的社会改造"⑤。

2. 未来理想社会——合作公社制度

欧文所设计的未来理想社会,是建立在公有制基础上的合作公社,也称劳动公社、方形村、合作新村。1817 年,在《致工业和劳动贫民救济协会委员会报告书》中,欧文就提出了建立方形村以解决失业问题。在 1820 年的《致拉纳克郡报告》中,他更是明

---

① [英]欧文:《欧文选集》第 2 卷,柯象峰、何光来、秦果显译,商务印书馆 2009 年版,第 107、75 页。
② 同上书,第 76 页。
③ 同上书,第 153 页。
④ 同上书,第 139 页。
⑤ 同上书,第 54 页。

确提出了建立合作公社的方案，认为它是实现共产主义的最好途径和组织形式。在其后的著作中，他又详细说明了合作公社的基本原则、组织形式、生产安排、生活管理等问题。

合作公社建立的原则是"联合劳动、联合消费、联合保有财产和特权均等"①。这也就意味着，合作公社实行财产公有、共同劳动、共同分配、权利平等和义务平等。在欧文看来，只要在正确组织起来的和有科学根据的财产公有制度下，人人都受同样的教育和处于同样的生活环境，就不再有买卖婚姻或不平等的婚姻，不会再有学坏了的儿童，而现有制度的错误所产生的一切邪恶将全部绝迹。在这种财产公有制下，阶级和社会地位的差别将不再存在，也就不会出现阶级剥削和压迫，"任何一个人不曾为别人服务，也就没有权利要求别人为他服务"，亦即"一切人生下来就有平等的权利"②。

根据欧文的方案，在合理组织的社会中，社会的基层组织是公社。它是建立在生产资料公有制基础上的集体劳动的生产单位和消费单位，也是独立的政治经济组织和社会单位。每个公社都是"一个由农、工、商、学结合起来的大家庭"，"都将像一个独立共和国或国家一样实行自决，由自己的成员依照神圣法则进行管理"③。

合作公社的规模应依据实际情况来确定。一般而言，每个公社由500人至3000人组成，占地800英亩至1500英亩，分成若干个150英亩至300英亩大小的农场。公社的最高权力机关是全体社员大会，一切重大问题都由社员大会讨论决定。公社的常设领导机构是社员大会选举的总理事会。总理事会向社员大会负责，汇报工作，接受审查。

---

① [英]欧文：《欧文选集》第1卷，柯象峰、何光来、秦果显译，商务印书馆2009年版，第330页。
② [英]欧文：《欧文选集》第2卷，柯象峰、何光来、秦果显译，商务印书馆2009年版，第33页。
③ 同上书，第131、154页。

关于公社成员的划分，根据一切人生下来就有平等的权利的原则，合作公社按照人们年龄和经验的不同来划分他们在社会上的地位和作用。这种划分的单位被称为"组"，它是把社会管理、劳动分工和教育容纳在一起的最基层的组织。按欧文的设想，全体公社成员按年龄分为九个组。在相同年龄的组里，每个人的权利和义务完全平等。

合作公社的生产是在公有制的基础上有计划地组织集体生产。每个公社成员都要担负适应自己年龄和特长的工作。因此，旧的分工制度不复存在，生产劳动将变成轻松愉快的活动，社员的生产积极性将大大提高，加之机器和科学发明的广泛应用，从而可以促进生产力的无限发展，产品十分丰富。欧文认为，"只有当人们联合起来共同行动的时候，他们的活动才有效率，他们的工作才有成果，他们的社会生活才有幸福"①。

对于公社的分配，欧文认为，在公社制度下，"财富的分配将是一切生活问题中的最简单的问题"。"在每个社会阶层单位里，即在每个拥有一千到三千名各种年龄的人的联合家庭里，由年龄最适合分配职务的那一组人分配本联合家庭的一切成员每日所需要的物品"，"因此，分配将变为分发每日都要使用和消费的物品的简单工作"②。

在合作公社内部不存在交换关系，废除商品和买卖，在欧文看来，"必须建立这样的制度，使谋取个人私利的零售商、批发商、学术专家、银行家或进出口商人，以及中介人、经纪人和各种游手好闲的人在那种制度下没有立足的余地"③。

在合作公社制度下，城乡对立、工农业对立、脑力劳动和体力劳动对立的状况也将消灭。公社组织形式是将城乡一切优点结合

---

① ［英］欧文：《欧文选集》第2卷，柯象峰、何光来、秦果显译，商务印书馆2009年版，第187页。
② 同上书，第32页。
③ 同上书，第30—31页。

起来的最好形式，"在这种新制度下，大城市所造成的邪恶将被消除，同时新的公社将把大城市的一切优点集中于一身，而没有大城市所造成的任何害处"①。而在公社内部，将脑力与体力广泛结合起来的社员既从事工业劳动，又从事农业劳动，通过全面的实践活动获得全面的发展。

欧文不仅对合作公社制度进行了细致的规划和设想，而且进行了实践。1824年，欧文在美国印第安纳州购买了3万英亩土地，建立了"新和谐"公社，制定了《"新和谐"公社组织法》。参加公社的约有一千多人。1832年，欧文又在伦敦创办了"劳动产品交换市场"，工人和其他劳动者将生产的产品拿到劳动交换市场来，由市场的估价人员按照生产产品所耗费的"劳动时间"加上原料价格来确定产品价格，发给生产者"劳动券"，凭该券在劳动市场上换取所需物品。1839年，欧文及其追随者又在汉普郡建立了"和谐"公社的新一轮实验。尽管这些尝试最终都走向失败，但在当时的制度背景下，这种实验仍具有非常积极的意义。马克思在《国际工人协会成立宣言》中就指出，"我们说的是合作运动，特别是由少数勇敢的'手'独力创办起来的合作工厂。对这些伟大的社会试验的意义不论给予多么高的估价都是不算过分的。工人们不是在口头上，而是用事实证明：大规模的生产，并且是按照现代科学要求进行的生产，没有那个雇用工人阶级的雇主阶级也能够进行；他们证明：为了有效地进行生产，劳动工具不应当被垄断起来作为统治和掠夺工人的工具；雇佣劳动，也像奴隶劳动和农奴劳动一样，只是一种暂时的和低级的形式，它注定要让位于带着兴奋愉快心情自愿进行的联合劳动。在英国，合作制的种子是由罗伯特·欧文播下的；大陆上工人进行的试验，实际上是从并非1848年发明的，而是1848年大声宣布的理论中得出的实际结论。"② 恩格斯也指

---

① [英]欧文：《欧文选集》第2卷，柯象峰、何光来、秦果显译，商务印书馆2009年版，第19页。
② 《马克思恩格斯文集》第3卷，人民出版社2009年版，第12—13页。

出:"当时英国的有利于工人的一切社会运动、一切实际进步,都是和欧文的名字联在一起的"①,"欧文不仅宣传了'明确的共产主义',而且还在汉普郡的'和谐大厦'这一移民区实行了为期五年(30年代末40年代初)的共产主义,那里的共产主义就其明确性来说是没有什么可挑剔的"②。

第二节 费边社的社会主义思想

19世纪70年代后,随着英国经济的不断恶化,工人运动重新高涨,许多知识分子也试图寻找一条改革社会的道路,消除社会的贫困与不平等。在这一背景下,费边社应运而生,其社会主义主张也对19世纪末20世纪初英国的工人运动产生了重要影响。

一 费边社成立的背景

19世纪后期,英国的政治、经济等状况都发生了变化,费边社正是适应这一变化的需要而产生的。

1. 经济陷入衰退

作为最早进行工业革命的国家,英国从18世纪60年代到19世纪70年代获得了持续的经济繁荣。在世界工业、贸易、海运和金融方面,英国都处于领先地位。在这一阶段,英国既是世界各国工业制成品的主要供应者,又是世界各国出口原料的最大购买者,成为"世界工厂",号称"日不落帝国"。然而自19世纪70年代以来,随着美国、德国等工业的迅速发展和激烈竞争,英国的优势地位被打破。尤其是1873年国际性经济危机的爆发,使英国结束了经济持续繁荣的局面,陷入了经济波动与衰退。从1873年至1913年,英国主要工业部门年均产值增长率都明显下降,采矿业从3.6%降至1.9%,建筑业从3.1%降至1.1%,制造业从

---

① 《马克思恩格斯文集》第3卷,人民出版社2009年版,第536页。
② 《马克思恩格斯文集》第9卷,人民出版社2009年版,第282页。

2.6%降至2.0%，运输业从2.9%降至2.7%。①

产业发展的停滞，一方面引起了激烈竞争，导致资本的集中与垄断，自由竞争资本主义开始向垄断资本主义过渡。这不仅严重削弱和破坏了小私有者的经济地位，其处境每况愈下，逐渐抛弃了对私有制的幻想。另一方面，导致了工人的失业与贫困。"每种产业皆有成群的失业工人，载于工会薄藉上的失业工人比例有时高达25%，资本家利用此艰难时期，企图收回前几年允许工人的让步"②，工人工资被大幅压低，125万人常在"贫穷线"之下生活，伦敦全部人口中有32%（其他大地方则在60%以上）处于一种长期贫穷状况之中。③

2. 工人运动重新高涨

在19世纪上半叶，英国曾掀起过工人运动的高潮，最著名的就是1836—1848年为争取普选权的宪章运动。但此后，工人运动一再陷入沉寂。进入19世纪70年代后，工人运动再次掀起高潮。这一方面是由于经济衰退导致失业与贫困日增，资本家对工人的剥削日渐加剧；另一方面是因为1871年的《工会法》确立了工会的合法地位，1875年通过的《雇主工人法案》更是承认了罢工的合法性。据《泰晤士报》的资料，"1876—1889年间，罢工次数大致为：1876年17次，1877年23次，1878年28次，1879年72次，1880年46次，1881年20次，1882年14次，1883年26次，1884年31次，1885年20次，1886年24次，1887年27次，1888年37次，1889年111次"④。1889年伦敦码头工人大罢工，更是提出争取法定八小时工作日，提高工资，男女同工同酬，工人与资本家在法律面前地位平等等要求。但总体来看，这一阶段的工

---

① R. C. O. Matthews, *British Economic Growth*: 1856 – 1973, Stanford, 1982, pp. 228 – 231.
② ［英］韦伯夫妇：《英国工会运动史》，陈建民译，商务印书馆1959年版，第247页。
③ 张明贵：《费边社会主义思想》，台北：联经出版事业公司1983年版，第78页。
④ 转引自［英］韦伯夫妇《英国工会运动史》，陈建民译，商务印书馆1959年版，第324页。

人运动对社会主义的目标还不十分明确,在很大程度上还是一种不自觉的行动,迫切需要正确的理论指导。

3. 民主政治制度的确立

19世纪以来,英国民主政治体制改革取得重大进展。《1832年选举改革法案》赋予了新兴的资产阶级广泛的选举权,确立了资产阶级的政治统治。《1867年改革法案》降低了参加选举的财产资格限制,使城市工人阶级获得了选举权。1884年的《人民代表案》使大批农业工人获得了与城市劳工同等的选举权,由此使选民比例增加了40%,人数也由315万陡增至570余万。1885年的《议席分配案》通过重新划分全国的选举区,使得平民院每位议员大致代表5万人。1888年保守党政府设立民选的县议会,1894年自由党政府增设了各级城乡或教区的区议会,基本上确立了地方自治制度。尽管到19世纪末妇女及少数成年男子仍没有选举权,但总体而言,英国基本上确立了中央及地方的现代资产阶级民主政治的基础。这就为费边社会主义提供了政治参照物,其理论中的地方公有或市政社会主义以及和平渐进式改革道路就深深地带上了英国民主政治的烙印。①

二 费边社的成立及主要代表人物

费边社的成立可追溯到1883年托马斯·戴维森倡导成立的"新生活同志会",该组织致力于探讨新生活的观念与建立一个共产社会的可能性。然而由于会员对社会改革的方法存在分歧,爱德华·皮斯、赫伯特·布朗德等成员从"新生活同志会"中分离出来,于1884年成立费边社,希望达成更具体的社会改革纲领。

费边社成立之初,成员仅12人,后随着萧伯纳、韦伯、华莱士和奥利维尔的加入,费边社逐渐发展起来,他们积极探索改造英国社会的道路,深入考察和研究英国政治和经济发展的特

---

① 徐孝明:《英国费边社会主义产生的历史背景与思想渊源》,《杭州师范学院学报》1997年第5期。

点，在吸收前人思想成果的基础上提出了自己的渐进主义思想，使费边社成为一个具有独特理论的社会主义团体。1889年《费边论丛》的出版更是使其得到广泛认同，玛格丽特·柯尔在《费边社史》中指出，"该书出版后所得到的反应使费边社感到十分意外。首批1000册一月内售罄；一年之内就销售了25000册再版的和便宜的版本，并且出现了美国版本和其他译本。突然间，社会主义成了热门的畅销货。"① 1906年后，费边社协助劳工代表委员会改组为工党，并以独立组织身份加入工党。此时，费边社的成员也开始迅速增加，英国几乎所有的大学都出现了费边社或费边社会主义团体。1912—1913年间，费边社共有34个外省组织、6个地方小组和11个大学组织，社员总数达2807人。但此后，费边社由于内部分歧一度陷入停滞与混乱。1931年，牛津大学教授、费边社活动家乔·柯尔发起成立了新费边研究社。1939年该社与处于停顿状态的费边社合并为新费边社，柯尔成为领导人，费边社迎来了再次的兴旺。迄今为止，费边社仍然是一个活跃的组织，目前拥有近7000名会员以及超过200名议会议员。每年一月份费边社都会召开新年大会，大会通常由工党著名政治家做主题演讲。

费边社的代表人物除早期的创始人及萧伯纳、韦伯及其夫人比阿特丽斯·韦伯、华莱士、奥利维尔等人外，还包括W. 克拉克、乔·柯尔、H. J. 拉斯基、C. A. R. 克罗斯兰等人。重要论著包括：韦伯夫妇的《社会主义历史基础》《工业民主》《工会主义史》《少数派报告》，萧伯纳的《关于费边社政策的报告》《无政府主义的不可能》《社会主义：原则与展望》，乔·柯尔的《英国工人阶级运动简史：1848—1900》《费边社会主义》《社会主义理论：1889—1959》，克罗斯兰的《社会主义的未来》等。除这些个人著作外，费边社还发行《每月通报》《劳动年鉴》《费边新闻》和

---

① ［英］玛格丽特·柯尔：《费边社史》，杜安夏、杜小敬等译，商务印书馆1984年版，第29页。

《费边季刊》等定期刊物,并出版过几百种小册子和论著,在中产阶级和知识分子中有较大影响。

三 费边社成员的社会主义思想

1887年制定的《费边基础》中首次提出了费边社会主义,其中规定,费边社的目标是社会主义,达到这一目标的方式是渐进主义。1889年出版的《费边论丛》对此又做了进一步论证和发挥,这本书的出版标志着费边社会主义的初步形成。①

费边社会主义的理论基础多元,吸取了进化史观、社会有机体论、功利主义、古典政治经济学、自由主义和马克思主义等学说,揭露控诉资本主义社会的弊病与罪恶,并论证社会改革的目标和途径。

1. 对资本主义的批判

费边社成员尤其是早期的费边社成员,在对当时英国现状进行调查的基础上,对英国工人阶级的凄惨处境进行了揭露,对资本主义进行了批判。

1884年的《费边短评》第1号的标题即为《为什么很多人贫困不堪》,指出:"只要资本掌握在一小撮人手中,贫困就必然是大多数人的命运;资本家的舒适而考究的生活是以工人的苦难与贫穷为代价的。"②萧伯纳等人编的《费边论丛》对工人恶劣的劳动条件和悲惨的生活境遇进一步做了揭露,指出资本主义剥削下工人们的悲惨状况达到了令人发指的程度,它比奴隶制时期美国南部各州的贫困更厉害,甚至在太平洋群岛上任何一个野蛮人也比英国工业区的大部分工人吃得好,生活更幸福。③ 在费边社成员

---

① 刘佩弦等:《马克思主义与当代辞典》,中国人民大学出版社1988年版,第580—581页。

② [英]玛格丽特·柯尔:《费边社史》,杜安夏、杜小敬等译,商务印书馆1984年版,第75页。

③ [英]萧伯纳等编:《费边论丛》,袁绩藩、朱应庚、赵宗煜译,生活·读书·新知三联书店1958年版,第133页。

看来，工人遭受贫困压迫的根本原因在于私有财产制度，它不能解决公平分配问题。乔·柯尔更是指出："我们迄今为止所熟悉的任何类型的资本主义制度，其恢复的可能性都已荡然无存。资本主义制度由于在两次大战之间未能防止把我们拖入这场新大战的灾难性的萧条与失业而遭到谴责。"因此，"如果政府依然如故地为了使工人处于被统治地位而不可避免地与大资本家集团结为同盟，我们就必须变更这个政府"①。

2. 实行地方公有制

费边社会主义接受了李嘉图的地租理论，并将其推广到工业中，认为工业租金同地租具有同样的性质，都是由雇佣劳动创造而被生产资料所有者占有的劳动者的价格与劳动创造的东西的价格之间的差额。

费边社会主义者不仅运用租金理论抨击资本主义生产资料所有制，认为它造成了生产资料所有者不劳而获地占有劳动者的生产成果，导致多数人陷于贫困；同时，他们也运用这一理论来论证生产资料公有及分配社会化的必要性，认为社会价值既然是社会创造的，当然应用之于公共利益。早期费边社会主义的基本经济目标是实行地方公有制，而实现地方公有的主要途径是租金的社会化。华莱士在《社会主义制度下的财产》一文中指出："通过对地租利息征税并由公家用这种税收所得到的资本把劳动者组织起来，从而把土地与资本直接转归社会所有。"②萧伯纳也认为，把地租从现在占有着它的那个阶级手中转到全民手中，这是向社会主义过渡的主要经济措施。③

3. 坚持社会民主

费边社会主义者否认国家的阶级性，认为国家并非与人民对抗

---

① ［英］乔·柯尔：《费边社会主义》，夏遇南、吴澜译，商务印书馆1984年版，第19页。

② ［英］萧伯纳等编：《费边论丛》，袁绩藩、朱应庚、赵宗煜译，生活·读书·新知三联书店1958年版，第204页。

③ 同上书，第248页。

的不可信任的机关,而是天然中立的工具。在他们看来,民主政治的来临已然使国家在民主性质上发生了重大转变。在民主制度的建构下,普遍的选举权可以使得人民以压倒性多数选出劳工阶级与社会主义者作为自己的利益代表,国家已从社会的强制力量日益与人民合而为一,成为全体公民的代表。因而,扩大国家职能,使国家更积极地干预和组织社会生活,就可以完善现存国家,使其成为改造社会的工具。

在这种国家观下,通过完善民主制度,如扩大选举权,完善地方分权,组成"专家型政府",废除上院,人民代表实行薪金制等,就可以使其成为实现社会主义的工具。萧伯纳就指出,"当下院摆脱了上院否决权的束缚,并且通过一种有效的代表薪俸制度和更合理的选举方法向各阶级的候选人开放时,在费边社看来,英国的议会制度将是非常实际的民主管理工具"[①]。不仅如此,还要将这种民主政治的管理方式与范围扩展到经济领域,实行产业管理民主。所谓的产业管理民主,是指国会、地方政府与消费者合作运动所选出的代表,组成产业管理机关,管理人员对全民负责,其关键是由全体人民来控制整个产业或是遴选管理人员。如果"民主国家未能运用政治权利使经济制度为公共目的服务"[②],就会导致灾难性地滥用资源,进而引发战争。

4. 和平的、渐进的社会改革道路

费边社把社会看作一个有机体,认为其是逐渐成长发展的,也是缓慢进化的。作为一个有机体的英国社会,也是不断成长和缓慢进化的。从经济上来看,英国19世纪的经济史是一部社会主义不断进步的历史,资本主义从自由竞争发展到股份公司及垄断企业是其自身的一种否定,它为国家接收大工业提供条件,为通向

---

① 徐孝明:《试论早期费边社会主义的思想特点》,《杭州师范学院学报》1998年第4期。

② [英]乔·柯尔:《费边社会主义》,夏遇南、吴澜译,商务印书馆1984年版,第19页。

社会主义准备了前提条件；从政治上来看，民主政治在渐进地向前发展，民主国家权力逐渐增强，国家的性质也逐渐发生变化，正日益演变为全体公民的代表；从思想观念上来看，社会主义的观念已经成为一种时代精神，具有无可抵抗的力量。因此，他们认为，历史的进化表现为社会主义不可避免地来临，或者正在一点一滴地实现社会主义。正如韦伯所指出的，"政府对私人企业的管理的不断加强，市区行政的发展，以及租税负担直接地向地租与利息的迅速转嫁，在这三个方面都标志着政治家们不自觉地放弃了陈旧的个人主义，而且也标志着我们无可抵抗地要滑进集体主义性质的社会主义"①。既然社会历史的进化不可避免地要导向社会主义，因而他们反对暴力革命，主张通过渐进的和平的变革实现社会主义。

四 对费边社及其作用的评价

费边社汇集了当时英国许多著名的思想家，他们所提出的主张在当时的英国引起了广泛反响，对英国工人运动影响至深。

一方面，费边社的主张对当时的工人运动起到了一定的积极作用。这主要表现在：（1）对资本主义的批判和对社会主义的宣传有助于提高工人阶级的觉悟。费边社通过对统计资料和数据的挖掘，揭示了工人阶级的悲惨命运，也指出了其根源在于私有制。（2）促进了工党的建立，并成为工党的思想基础之一。（3）促进了工人工作和生活条件的改善。费边社主张对济贫法进行改革，《费边短评》第9号提出了明确而详尽的"八小时工作法案"，《费边短评》还发表了一系列有关社会福利的文章，包括教育改革、居民住宅的改善、公共设施问题等，这些对工人条件的改善起到了一定作用。（4）在工人运动史方面的研究成果为当时及后来的工人运动提供了借鉴，尤其是《工会史》《工业民主》等丰富了工

---

① ［英］萧伯纳等编：《费边论丛》，袁绩藩、朱应庚、赵宗煜译，生活·读书·新知三联书店1958年版，第118页。

人运动的研究。列宁在建立无产阶级政党的过程中曾多次借鉴了韦伯夫妇的结论。他亲自翻译了《工业民主》的第一卷，并亲自校对了第二卷的译稿。

另一方面，费边社的社会主义主张实际上是在资本主义社会内部进行改良，并未像马克思和恩格斯的科学社会主义那样揭示社会发展的真正规律。如乔·柯尔就指出，"除了民主社会主义的旗帜，再没有任何我们能满怀胜利的希望在它下面团结起来的旗帜了"①。也正因此，给工人运动带来了许多消极影响。主要表现在：（1）费边社只是从人口和选民的意义上认识工人阶级的力量和作用，而没有认识到工人阶级是社会生产力的先进代表，更没有从社会基本矛盾来说明工人阶级是资本主义制度的掘墓人。在他们看来，工人群众似乎只是一群需要同情的、必须由他们来领导的人。在这一思想的指导下显然无法组织起真正的社会主义革命和运动。对此，恩格斯指出，费边派"有相当清醒的头脑，懂得社会变革必不可免，但是他们决不肯把这个艰巨的事业交给粗鲁的无产阶级单独去做，所以他们惯于自己出来领导。害怕革命，这就是他们的基本原则"②。（2）费边社所主张的改良的、渐进的社会主义从根本上否认无产阶级暴力革命的必要性，这无疑限制了工人运动的方式和作用。

第三节　劳工运动的发展与英国工党的成立

英国工党在 1900 年成立后，由最初的松散联盟不断发展，1922 年首次跻身第二大党，1924 年和 1929 年两次执政，1931 年完全取代自由党，成为英国政坛两大政党之一。

---

① ［英］乔·柯尔：《费边社会主义》，夏遇南、吴澜译，商务印书馆 1984 年版，第 149 页。
② 《马克思恩格斯文集》第 10 卷，人民出版社 2009 年版，第 643 页。

一 劳工运动与英国工党的诞生

工党的诞生不仅是英国劳工运动的产物，也与英国当时的政治环境密切相关。

1. 工会运动面临的新问题呼唤代表工人的政党的产生

19世纪后期，英国因经济萧条导致工人大量失业，如1879年失业率为10.7%，1886年为9.55%，1893年为7.7%。[①] 大规模失业导致工会运动再次高涨，新成立的工会如1887年成立的全国海员和锅炉工人工会、1889年成立的铁路工人工会等成为工会运动的主体，并提出了实行法定最低工资制和八小时工作制等要求。针对工人运动的展开，雇主一方面作出部分让步，使工会运动逐步回落，另一方面采取各种对策对工会运动进行克制。首先，成立全国性的雇主联合会，通过联合歇业的办法使工人因处境困难而屈服。如机械制造商联合会在1897—1898年第一次进行了全国性的闭厂停业。其次，成立雇主议会委员会，以广泛促进雇主在议会中的利益。最后，勾结法院，使其在判罚劳资纠纷案件中偏向雇主。这些对策对工会运动发展构成了限制，因而，"在十九世纪最后十年中，有很多理由使工会主义者，特别是他们的干事感到不安和急于直接获得议会的代表权"[②]。

2. 自由党的僵化导致工会与其的合作陷入困局

在19世纪，工会曾长期与自由党合作，1868年英国职工大会成立后，更是与自由党结成了持续数十年的"自由—劳工同盟"。在议会选举层面，自由党支持劳工候选人在自己势力不强的选区参与竞选，以减少保守党可能获得的议席；劳工选民则在多数选区支持自由党，推动自由党上台执政，以制定对工人有利

[①] [英] 韦伯夫妇：《英国工会运动史》，陈建民译，商务印书馆1936年版，第340页。

[②] [英] 亨利·佩林：《英国工党简史》，江南造船厂业余学校英语翻译小组译，上海人民出版社1977年版，第5页。

的法律。然而到19世纪末，面对雇主对工会大举反攻的情况，自由党的僵化并无助于缓解工会的困境，使工会十分不满。这种僵化表现在：一方面，自由党除了在劳工集中的矿工选区会提名工会的积极分子做候选人外，在其他选区，则认为没有必要提名工会候选人，导致议会中的自由劳工议员人数增加缓慢，与工会的力量极不相称。如19世纪90年代中期，工人会员已增加到200万，但自由劳工议员仅有12位。另一方面，自由党在工会支持下上台后，对工会和劳工代表关心的政治与社会改革、缩短工作时间、议员付薪水、工会的法律地位和权利等事宜缺乏积极的表示，而沉溺于爱尔兰自治、上议院改革等工会和劳工不关心的问题。①

3. 独立工党和其他社会主义组织力量薄弱

19世纪后期，英国出现了费边社、社会民主联盟等社会主义组织，也出现了独立工党这一代表劳工利益的政党，但这些政党和组织都未获得重大的发展，力量薄弱，无法真正代表和引领劳工运动。

社会民主联盟起源于1881年亨利·迈尔斯·海德曼领导创立的"民主同盟"。1884年，民主同盟改名为社会民主联盟。它不仅通过创办报刊、出版书籍等揭露资本主义的罪恶，宣传社会主义思想，而且其成员也领导和参与伦敦工人的罢工运动，属于较为激进的组织，推动了英国工人运动的发展。但由于其内部派别众多，观点纷争，无法形成统一的斗争政策和策略，很快组织就出现分裂，以威廉·摩里斯为首的左翼退出联盟，另行组建了社会主义联盟。

1884年成立的费边社更多的是从理论上探讨社会主义问题，对劳工的组织作用相对来说更为薄弱。

成立于1893年的独立工党，在其党纲中明确提出了"实现生

---

① 李华峰：《英国工党政坛沉浮与主导思想的关系研究》，中国社会科学出版社2013年版，第28—29页。

产、分配和交换手段的集体所有制和集体管理制"①。然而,由于独立工党的群众基础主要限于苏格兰和英格兰北部地区,未获得大部分工会的支持,也未能处理好同社会民主联盟的关系,加之其从建立之初就存在组织涣散、纪律不严、各自为政等问题,因而无法建立全国性的劳工政党,而且在1895年的大选中,独立工党提名的28名候选人无一人当选,连党的最高领导人凯尔·哈迪都连选失利。

正是在这种背景下,"劳工代表委员会"于1900年2月28日在伦敦成立。来自62个工会和社会民主联盟、独立工党、费边社等团体的129名代表出席会议,他们代表着35万多名工会会员和后三个团体的约2.2万成员。大会通过了机器工人工会领袖、独立工党党员乔治·巴恩斯和独立工党主席凯尔·哈迪先后提出的议案:(1)要支持同情工人运动的目的和要求;(2)建立一个立场明确的劳工代表的议会党团,促使更多同情工人阶级目标和要求的人作为劳工代表选进议会。1906年,劳工代表委员会将名称改为工党。

二 冷战前工党的发展概况

第二次世界大战前英国工党从创立到两次执政,尽管经历了挫折,但最终确立了其在英国政坛的地位。

1. 1900—1917年初创时期

这一时期工党仍是个左翼团体的松散联盟,不仅力量薄弱,也缺乏自己的理论体系。因此,为了在大选中取得突破,时任工党书记拉姆齐·麦克唐纳代表工党(当时的劳工代表委员会)于1903年和自由党达成选举秘密协议,寻求与自由党实现选举合作。此后很长时间,工党都追随自由党,正如包括萧伯纳在内的几个社会主义者当时指出的:劳工代表委员会是随着自由党潮流的一

---

① [美]A.L.罗威尔:《英国政府:政党制度之部》,秋水译,上海人民出版社1959年版,第161页。

只软木浮子。① 而1909年"奥斯本案的判决"② 更是削弱了工党的财政收入,使其发展举步维艰。在这一时期,工党曾四次参与大选,当选的议员数仅仅分别为:1900年2名、1906年29名、1910年1月40名、1910年12月42名。

1911年《议员付薪制》法案和1913年新《工会法》的通过使工党财政上的不利形势得以扭转,到1914年,工党的党员人数达到了1612147人,比1900年的375931人多出了120多万。但总的来说,此时工党仍然是一个弱小的政党,远远不能与英国两大传统政党抗衡,而且在理论上也未出现突破,没有提出社会主义的主张。

第一次世界大战给工党带来了转机。一方面是战争的需要促成了广泛的联合,它在"战时应急工人全国委员会"的旗帜下,为保护工人的利益而斗争,扩大了党的群众基础;另一方面是工党领袖参加联合政府,既取得了参政的经验又增强了自己的信心。而1917年的"擦鞋垫事件"③成为工党历史上的转折点。工党书记韩德逊开始全力以赴地改组党的机构,准备党的纲领,使工党进入了新的历史阶段。

2. 1918—1931年的发展

1918年2月和6月,工党分别通过了具有历史意义的新党章

---

① [英]亨利·佩林:《英国工党简史》,江南造船厂业余学校英语翻译小组译,上海人民出版社1977年版,第18页。

② 奥斯本是铁路员工联合会会员,他反对工党强行征收会费来供养其议员,因此请求对工会施行禁令,得到了法院的支持,并于上诉中得到上院的支持。

③ 1917年俄国的两次革命爆发后,社会主义者联合会召开特别会议表示支持俄国革命。这影响了工会基层会员的态度,而工会基层会员态度的变化也反映在了工党行政领导中。劳合—乔治希望俄国继续参战,在他的建议下阿瑟·韩德逊被派往俄国进行访问。韩德逊回国后,突然转为和平主义主张,并赞同英国派代表出席预定在斯德哥尔摩召开的国际社会主义者代表大会。而且,他在一次工党特别会议上说服大家同意他的意见。由于战时政府成立以来,韩德逊一直是战时内阁的一员,这导致了他与战时内阁同僚之间的一场危机。这时,战时内阁召开了一次会议,韩德逊奉召去开会,内阁其他成员正在讨论他的地位问题,而把他关在门外。他这时正站在战时内阁会议室外放置擦鞋垫的地方。故此事传出后,被称为"擦鞋垫事件"。

和党纲。在1918年2月通过的由西德尼·韦伯起草的新党章中,提出了著名的第四条"党的目标"。第四条的内容是:"在生产资料公有制和对每一工业或行业所能做到的最佳的民众管理与监督的基础上,确保手工与脑力生产者获得其勤勉劳动的全部果实和可行的最公平分配。"① 1918年6月,工党又通过了韦伯夫妇起草的名为《工党与社会新秩序》的政策声明,它也是工党在1950年大选前三十多年政策的基础。该声明指出,战后英国需要重建的不是某一政府部门,也不是某一社会机构,而是社会本身,当下建立在私有制和土地及资本竞争经营的基础上的资本主义生产私有制应当消灭。该声明包括四项原则,一是"国民最低标准",即以最低工资、最低劳动条件和四十八小时的最大工作周等条件来实现充分就业的一项全面性政策;二是"工业的民主监督";三是"国家财政革命",实际上就是用对高收入者征收重税来贴补社会服务事业;四是"用于公共利益的余额",即国家财富的积余必须尽可能用于扩大全体人民享受教育与文化的机会。

这一新的党章和党纲明确了工党的社会主义主张,为工党带来了巨大的改变。如乔·柯尔就指出,它"意味着与工党的过去完全决裂;因为它以社会主义作为党的目标,从而把党从一个由社会主义者与工会组成的松散联盟,改变成一个由工会支持的社会主义政党"②。德国学者马克斯·比尔也认为:"由于该党党章具有生产资料公有的明文规定,该党已变成一个社会主义的工党了。"③克里门特·艾德礼则表示,1918年的工党党章是"一个毫不妥协的社会主义者的文件"④。

---

① [英] 亨利·佩林:《英国工党简史》,江南造船厂业余学校英语翻译小组译,上海人民出版社1977年版,第46—47页。
② [英] G. D. H. 柯尔:《社会主义思想史》(第四卷上册),宋宁等译,商务印书馆1990年版,第402页。
③ [德] 马克斯·比尔:《英国社会主义史》(下卷),何新舜译,商务印书馆1959年版,第347页。
④ [英] 艾德礼:《工党的展望》,吴德芬、赵鸣岐译,商务印书馆1961年版,第26页。

随着新党章和党纲的出台，工党终于在思想上、行动上与自由党分道扬镳。同时，这一党章也吸引了广大选民。1924年，工党取代了自由党，成为议会中的第二大党。1924年1月22日，工党领袖麦克唐纳就任新内阁首相。1929年工党第二次执政。但在此期间，工党内部的矛盾逐渐显露。一方面，独立工党对麦克唐纳的领导不满，而1928年工党通过的新的政策声明——《工党与国家》与1918年的《工党与社会新秩序》相比，在某些方面出现了倒退，导致独立工党政策和工党政策无法统一。另一方面，1931年国际金融危机爆发，在削减失业工人补助金和增税方面，麦克唐纳与其他高层及工会领导人发生分歧，最终麦克唐纳被开除出工党。这些都使工党受到重大打击。

3. 1931—1945年恢复时期

1931年麦克唐纳被开除出工党之后，独立工党又于1932年退出工党。自1932年末，工党的力量逐渐恢复。1935年11月，克莱门特·艾德礼成为工党领袖后，肩负起领导工党走向复兴的重任。他在1935年的《走向社会主义的意志和道路》与1937年的《工党的展望》两本书中，系统化阐述了其民主社会主义思想，不仅得到工会和劳工的认可，也有助于工党实力的不断恢复。第二次世界大战的爆发更是给工党带来历史性的机遇。一方面，工党顺应当时的形势，作出参加联合政府、初步实践民主社会主义纲领等正确选择，使其成为大多数英国民众心目中能引领英国走向战后重建的可信赖的选择；另一方面，战争使英国的政治潮流明显左转，认识到英国的阶级对立、分配不公、贫富悬殊等现象的不合理性，也对战后英国的重建充满了憧憬，呼吁加快社会福利和保障的建设。然而，保守党政府并未重视这一变化，反而对贝弗里奇提出的《社会保险和相关服务》的报告采取冷漠态度。这两方面都为工党创造了良好的机遇，使其不仅迅速恢复，而且在第二次世界大战后获得了巨大的发展。

三　关于工党的性质

工党最初是由工会和一些社会主义团体所组建的，这也就决定了它不同于保守党和自由党，而是一个代表劳工利益的政党，其党章也提出了社会主义目标。但与以马克思主义为指导思想的共产党相比，它更主张对资本主义的改良，通过和平的、渐进的方式步入社会主义。

1. 工党带有一定程度的社会主义色彩

从工党1918年的党章来看，尤其是其第四条的规定，亦即所谓的"公有制条款"，表明了工党的社会主义性质，同时工党也公开承认自己是一个社会主义政党。在其成立后，通过的许多纲领性文件都明确提出了社会主义，如1934年为迎接翌年的大选所推出的纲领性文件名为《为了社会主义与和平》，1945年的竞选纲领《让我们面向未来》中指出，"工党是社会主义的党"，它的最终目的是在国内建立"大不列颠社会主义共和国"①。

从工党成立后的政策来看，一是提出并实施了国有化改革，如在1928年的《工党与国家》这一纲领中就提出工党要将城市和农村地产转为国家所有制，实现矿山、发电厂、铁路和运输事业的国有化，由国家对英国银行进行监督，这样一步步使工业摆脱"肮脏的为私人赢利的斗争"，把它转变成为公众服务的合作企业。② 第二次世界大战后，工党也在实践中进行了国有化改革。二是一直非常关注劳工的利益。如著名的"惠特利住宅计划"，通过给地方政府提供财政补贴的方式，用15年的时间修建了250万所住宅，不仅解决了中下层民众的住房问题，还促进了就业。在社会救助和保障方面，第二次世界大战前就不断放宽失业津贴的发

---

① 世界知识出版社编：《各国社会党重要文件汇编》，世界知识出版社1959年版，第312—325页。

② 齐世荣：《世界通史资料选辑》（现代部分第一分册），商务印书馆1980年版，第419页。

放范围,改善保险制度,第二次世界大战后更是建立了福利制度和社会保障体系。

2. 工党的理论基础是民主社会主义,而非科学社会主义

工党对社会主义的论述表明其所倡导的是民主社会主义。在工党看来,"社会主义社会不可能在资本主义制度的废墟上,而只能在资本主义充分发展的基础上建立起来;我们所需要的改造,就是合理化和合并;取消小规模的、不经济的企业;提高生产力;使各种资源日益丰富。同时,独立雇主的人数逐渐减少,而工人的数目则逐渐增加,不仅人数增加,而且组织、知识和工作能力也在增加。这全部过程,事实上就是趋向社会主义的逐步的、有秩序的进展。连续和渐进不是马克思所认为的革命和突变——将使我们获得解放。……简单说来,我们的目的和终极是通过民主改革和符合宪法的方法来达到社会主义"[①]。艾德礼也指出,"工党认为民主方法并没有用尽。它相信,通过政治行动,旧秩序可以转变为新秩序。这种转变不是通过暴力革命,而是通过在国内实行一系列的立法和行政措施以及在国际范围内争取和平和合作的建设性政策。"[②]

工党与共产党和其他激进左翼政党的关系表明其理论基础并非科学社会主义。1920年英国共产党成立后,申请加入工党,但遭到工党全国秩序委员会的拒绝,理由是"共产党的目标与工党的'党章、原则与纲领'不一致"[③]。1924年的工党年会禁止英共在工党内开展活动,1925年年会禁止英共党员在工党地方性组织中担任职务。1939年,工党成员克里普斯想跟共产党和独立工党合作,决定发起一个当时称为"人民阵线"的全国运动,他和其主

---

① [德]马克斯·比尔:《英国社会主义史》(下卷),何新舜译,商务印书馆1959年版,第369页。
② [英]克里门特·艾德礼:《走向社会主义的意志和道路》,郑肃译,商务印书馆1961年版,第2页。
③ [英]亨利·佩林:《英国工党简史》,江南造船厂余学校英语翻译小组译,上海人民出版社1977年版,第53页。

要追随者查尔斯·特里维廉、安奈林·比万、乔治·斯特劳斯都被开除出工党。在工党看来,"选举时共产党人将成为工党的一个沉重负担"①,而且在建立新社会的路径上二者存在根本差异。英共伦敦筹备会议明确指出,"共产党否认社会革命可以通过议会民主的普通方法来实现的改良主义观点,而认为议会的和选举的活动只是一般地提供了通向革命的宣传和鼓动的手段"②。而工党的麦克唐纳则强调,"社会主义的口号是进化而不是革命,社会主义者的战场就是议会"③。除英共外,为激进左翼所控制的独立工党在思想和政策主张上也都与工党发生分歧,最终于1932年退出工党。之所以出现这些结果,与工党的指导思想是民主社会主义密切相关,它主张通过和平的、渐进的方式,通过议会斗争实现社会主义,这就必然导致其与激进的左翼政党发生分歧。

第四节 科学社会主义与英国共产党的成立与发展

1920年英国共产党成立后,通过在国内积极参与和领导工人运动,在国际上反对法西斯主义,使自身实力不断发展壮大,成为英国社会中一支不容忽视的政治力量。

一 英共的创立和发展

1848年《共产党宣言》在英国发表问世,此后的半个世纪里,马克思和恩格斯也积极参与英国的工人运动。但由于英国工人运动长期受工联主义影响,发展代表工人阶级根本利益的无产阶级政党绝非易事。

---

① [英]亨利·佩林:《英国工党简史》,江南造船厂业余学校英语翻译小组译,上海人民出版社1977年版,第87页。
② 齐世荣:《世界通史资料选辑》(现代部分第一分册),商务印书馆1980年版,第370页。
③ 刘书林:《麦克唐纳社会主义新评》,中国人民大学出版社1989年版,第78页。

第一次世界大战结束后,巨大的战争开支使英国经济陷入低迷,加之俄国十月革命的成功,使英国工人看到改变社会制度的希望,因此出现了大规模的罢工潮,工人阶级反对资产阶级的斗争空前高涨。1918年,英国参加罢工的工人高达111.6万人,损失587.5万工作日。① 此时罢工者除了提出经济要求外,还提出政治要求。然而,由于缺乏统一的领导,工人阶级的斗争均以失败告终。

在英国工人运动高涨的同时,英国左翼组织的发展以及马克思主义宣传和影响力度的不断加大都推动了英国共产党的建立。19世纪末20世纪初,英国一系列左翼组织相继成立。在英共成立前夕,国内左翼组织有英国社会党(the British Socialist Party)、社会主义工党(the Socialist Labour Party)、工人社会主义联盟(the Workers' Socialist Federation)、南威尔士社会主义协会(the South Wales Socialist Society)、南威尔士共产主义委员会(the South Wales Communist Council)等。这些左翼组织在推进马克思主义方面做了许多工作,如社会主义工人党开班讲授马克思、恩格斯和拉法格的著作,大量印刷出版马克思、恩格斯的作品和宣传马克思主义的小册子,南威尔士地区开始举办贫民俱乐部马克思主义学习班。而1917年俄国十月革命的胜利,进一步增强了列宁主义在英国工人中的感召力,他的重要著作如《国家与革命》《第二国际的破产》等在英国工人中广泛传播。

在这种有利的国内条件下,加之列宁的关怀和共产国际的帮助,英国社会党、社会主义工党中的共产主义统一派及南威尔士共产主义委员会的152名代表于1920年7月31日至8月1日,在伦敦召开了"共产主义团结大会",建立了英国共产党。

英共成立后,积极开展活动,进行理论探索,队伍不断发展壮大。在1920年成立时英共只有2000—3000名党员,到1942年,

---

① http://www.xuexila.com/lishi/shijie/ying/434.html.

英共党员人数达到 56000 人，创历史最高，1943 年和 1945 年也分别达到 55138 人和 45435 人。① 在壮大队伍的同时，英共从 1930 年起坚持出版了《晨星报》《工人日报》《今日马克思主义》《共产主义焦点》《挑战》《经济公告》等，受众面日益扩大。据英国信息部估计，1943 年，共产党的《工人日报》的读者在全国一些地方超过 5%，在年轻人中这个比例更大一些。在一些工厂里这个数字则超过了 20%。②

二 英共初期的理论政策与实践活动

英共成立后获得了较好的发展，尤其是在第二次世界大战期间迅速发展壮大，这不仅得益于当时的国际环境，更与其确定了正确的理论政策并付诸实践有很大关系。

1. 确立党的章程、宗旨和纲领

英共成立后，连续三次召开代表大会解决党所面临的理论问题。在 1921 年 4 月举行的第三次代表大会上，确立了党的宗旨是"建立一个人人共有的社会和经济地位平等的共产主义共和国……通过社会革命彻底消除现行的工资奴隶制"③。1921 年 5 月，创办了理论月刊《共产主义评论》，以加强理论建设并宣传马克思主义。1922 年 3 月和 10 月分别召开的四大和五大着力解决党的组织问题，将原来按地区和派别组成的中央执委会改成党代会统一选举最有能力的领导机构，在全国组建各级党委会，而党代会是党的最高权力机构。

2. 参与和领导工人运动

作为代表工人阶级利益的政党，英国共产党自成立后就积极参

---

① 王军、游楠:《近百年来英国共产党党员的人数变化及其原因分析》，《当代世界与社会主义》2014 年第 1 期。

② [英] 约翰·福斯特:《马克思、马克思主义与英国工人运动：21 世纪继续探索的问题》，《当代世界与社会主义》2013 年第 4 期。

③ James Klugmann, *The History of the Communist Party of Great Britain: Formative and Early Years 1919 – 1924* (Vol. 1), London: Lawrence and Wishart Ltd., 1968, p. 39.

与和领导英国工人的罢工活动。

一是号召成立罢工运动的领导机构。为加强英国工人的联合，英共号召英国职工大会成立一个统一的领导机构作为抵抗资本家进攻的参谋本部，并号召发展各地职工委员会，使其成为配合斗争的各地区的据点。在英共的努力下，全国职工委员会联盟于1921年成立。

二是积极参加和领导英国工人的罢工活动。1921—1922年，英共领导工人举行反对削减工资的运动。在1925年7月31日英国矿工罢工中，英共积极参与，12名英共领导人（英克平、加拉赫和波立特等）被逮捕并判处6—12个月的监禁。在1926年5月的大罢工中，英共表现十分突出，为党赢得了荣誉，党员人数也因此激增，由罢工前的5000余人增加到10783人。在此后的罢工活动中，英共一直都积极地参与，如参加和领导1937年伦敦公共汽车公司司售人员罢工，等等。

三是倡导建立"少数派运动"（Minority Movement），旨在工会组织内为进步政策而斗争。该运动由加拉赫担任书记，后来又由波立特继任。在20世纪20年代英国的总罢工运动中，少数派运动是一个巨大的组织和推动力量，在启发工人的战斗精神方面起了重大作用。①

3. 建立统一战线

1935年共产国际七大召开后，英共根据其决议，希望在英国建立统一战线。1935年11月大选期间，英共向工党提出了统一战线问题，尽管遭到拒绝，但英共仍努力改善与工党的关系。此外，英共还注意同劳工运动的左翼建立联系，组织"团结运动"，开展工厂支部和妇女工作等。

4. 开展反法西斯斗争

1936年西班牙内战期间，英共发起了"援助西班牙"运动，

---

① 商文斌：《战后英共的社会主义理论及英共衰退成因研究》，中国社会科学出版社2010年版，第12页。

全力支持西班牙人民的反法西斯斗争,包括:一是组织志愿者参加国际纵队英国营,直接参加战斗。经过英共努力,最终组织了1500人,其中半数以上是英共党员。在两年半的战斗中,英国营牺牲者达526人,其中一半为英共党员。二是积极募集财物,支援西班牙人民阵线联合政府。三是成立"西班牙医药救济委员会",为西班牙联合政府提供药品、医疗救护人员。

1937年日军全面侵略中国时,英共组织了对日本的禁运。

1939年第二次世界大战爆发后,英共提出"两条战线作战"的方针,在国际上反对法西斯主义,在国内反对执行绥靖主义政策的张伯伦政府。1941年7月4日,英共中央发表了题为《人民战胜法西斯主义》的宣言,称英共支持政府反对希特勒的一切战争措施,放弃成立"人民政府"的主张,并提出四点紧急目标:实行与苏联政府联合;把所有的亲法西斯分子从政府中清除出去;为争夺胜利加紧组织生产,结束浪费和无序生产,保证食品的平均供应,采取足够措施免于空袭;号召全体人民为夺取胜利加倍工作,努力生产。随后,英共领导联合生产委员会,组织工人为战争加倍工作,增加生产,并强烈要求恢复党报。1942年9月,《工人日报》复刊。

正是由于英共采取了这些正确的政策主张并进行了很多的工作,其力量在第二次世界大战期间迅速发展壮大,并于1942年达到历史最高值。

第二章　冷战时期社会主义在英国的兴衰

冷战时期，工党作为英国两大政党之一，抓住战后重建这一有利机遇，在艾德礼领导下，将其纲领付诸政策实践，实施国有化和建立福利制度等政策，使工党获得了巨大的发展。与工党相反，英国共产党在战后由于内部分歧和国际环境两方面的因素，多次出现分裂，其力量和影响都被严重削弱。

第一节　冷战期间英国工党的发展

在冷战时期，英国工党先后经历了1945年7月至1951年9月的艾德礼政府，1964年10月至1970年6月和1974年至1976年的威尔逊政府，以及1976年至1979年的卡拉汉政府。在此期间，工党既出现了巨大的发展，也出现了内部斗争并导致其在英国政坛一度式微。

一　第二次世界大战后英国工党的经济社会政策

工党于1945年5月通过的《让我们面向未来》的竞选纲领中，指出"工党把人民的福利当作自己神圣的职责"，所有英国民众"都应该有而且必须保证他们有一个比上次战后他们大多数人所面临的更美好的未来"[①]。因此，第二次世界大战后工党在执政

[①] 世界知识出版社编：《各国社会党重要文件汇编》，世界知识出版社1959年版，第312页。

期间根据凯恩斯主义的国家干预理论,采取了多项政策对经济和社会发展实行政府干预,以实现其竞选纲领所做的承诺。

1. 国有化政策

在1918年提出"公有制"目标后,工党的领袖不断就这一目标进行阐释,如麦克唐纳于1922年末提出英国第一个社会主义改造方案,要建立一个立足于生产和分配公有、民主管理的工业社会制度。艾德礼在《工党的展望》中指出:"资本主义制度带来的罪恶,在不同的国家就有不同的深度,但是一旦洞悉了这个灾难的根源,有思想的男男女女就会看出同样的补救方法。这个根源是生活资料的私人所有制;补救的方法便是公共所有制。"[1] 在《走向社会主义的意志和道路》一书中,艾德礼比较系统地论述了工党的国有化主张,提出要对金融、运输、燃料和钢铁工业实行国有化,因为这些工业是新社会秩序的主要基础。关于银行和金融国有化的必要性,艾德礼写道:"工党认为,货币必须为工业服务。因此,工党建议对英格兰银行、合股银行以及其他认为适宜的金融机构实行社会化。很明显,在计划经济的时代里,像金融这样重大的部门在很大程度上听命于主要代表伦敦城狭隘利益的私人公司,是异乎寻常的事。"[2]

而从当时的现实来看,第二次世界大战结束后,英国的基础工业大都处于衰败状态,经济效率亟待提高,国有化在当时看来是振兴经济的唯一良策。盖茨克尔就曾经指出:"在提出要把1945到1950年间转为公有的工业部门收归国有的问题时,工党发言人与其说是根据传统的论证,还毋宁说是根据一些从实际出发的考虑,这些考虑旨在证明国有化是能达到较高生产力和较大效果以及防止垄断的最好的或唯一的方法。"[3] 在这种背景下,工党执政

---

[1] [英]艾德礼:《工党的展望》,吴德芬、赵鸣岐译,商务印书馆1961年版,第6页。
[2] [英]克里门特·艾德礼:《走向社会主义的意志和道路》,郑肃译,商务印书馆1961年版,第28页。
[3] [英]盖茨克尔:《社会主义与国有化》,李奈西译,商务印书馆1962年版,第25页。

后首先实施了国有化政策。

1945年10月，在工党的推动下，议会通过了第一个国有化法案——《英格兰银行法》，并于1946年3月完成将英格兰银行转为国有银行。此后，议会又通过了一系列国有化法案，包括：1945年通过的《煤炭业国有化法》，1946年通过的《民用航空法》，1947年通过的《电报和无线电通讯业国有化法》、《国内运输法》和《电力法》，1948年通过的《煤气法》，1949年通过的《钢铁工业国有化法》等，使英格兰银行和煤炭工业、民用航空业、电报和无线电业、国内运输业、发电输电业、煤气业、钢铁业这8个基本部门都实现了国有化。

在20世纪60—70年代威尔逊执政期间，英国再次掀起了国有化高潮。与20世纪40年代的国有化相比，这一阶段的国有化主要集中在几个行业，而非全面的国有化。1965年，威尔逊政府将14家大钢铁公司实行国有化；1967年，通过《钢铁法令》，恢复了英国钢铁公司；1968年，公路运输部门和供水业被收归国有，成立了国家货运公司和自来水公司，部分港口和机场也被收归国有。到1979年，英国政府控制了主要的基础工业部门，在煤炭、造船、电力、煤气、铁路、邮政和电信等部门，国有企业的比重达到100%，在钢铁和航空部门达到75%，在汽车制造和石油工业部门也分别达到50%和25%。国有企业产值占国内生产总值的10.5%，就业人数达200余万，占全部就业人数的8.1%，固定资产达56.4亿英镑，占全国固定资产总额的15.3%。[①]

工党所推行的国有化政策对英国战后经济的发展起到了重要推动作用。一方面，国有企业在整个工业部门中占比显著提高，不仅使政府对相关行业的调控能力大大增强，而且提供了新的就业机会，缓解了失业的压力；另一方面，为提高国有企业的效益，英国政府加大了对更新设备和技术研发的投入，国有行业低廉的

---

① 钱乘旦、陈晓律、陈祖洲、潘兴明：《日落斜阳——20世纪英国》，华东师范大学出版社1999年版，第143—144页。

产品价格和服务费用又使私有企业的生产成本大大降低，从而在总体上促进了英国经济的发展。

2. 建立和完善福利制度

1942 年，《贝弗里奇报告》提出了把疾病、意外事故、失业和老年保险集合在一起，建立一个完整的社会福利体系的设想。1945 年，艾德礼领导的工党政府通过议会先后制定和发布了一系列建立福利国家的法令。1948 年 7 月，艾德礼自豪地宣布，英国已建成福利国家。

在社会保障方面，1946 年通过了《国民保险法》，放弃了"最低保障"的原则，大幅提高给付水平，并改善了各种给付间的不公平现象。1959 年又颁布了新的《国民保险法》，正式建立起与收入相联系的养老金制度。1948 年，《国民救济法》颁布，它是对《国民保险法》的一个重要补充，是为那些在缴费制度下不具备资格的、需要救助却不能通过保险计划得到满足的人们建立安全网，属于为缓解低收入者贫困现状而提供津贴的选择性福利。

在国民健康服务方面，1946 年通过了《国民医疗保健法》，规定除某些特殊服务项目外，向全体英国民众提供免费医疗，所需费用的 90% 由政府税收负担，剩余 10% 来自社会保险的指定供款。同时，医院实行国有化，由卫生部门直接管理；国民保健由政府国民保健署负责管理。鲁道尔夫·柯雷恩将这一法案的特点总结为：它是西方国家第一个为民众提供免费医疗服务的卫生健康体系；它是英国社会服务体系中唯一为所有国民提供服务的体系；它把平等植入道德义务之中，因为它宣称的目标是在提供医疗服务时力争平等。[①] 在工党战后所实施的社会经济政策中，《国民医疗保健法》和《国民保险法》因其覆盖面广、创新力度大和引发的深远影响，被称

---

① Dennis Kavanagh and Peter Morris, *Consensus Politics from Attlee to Thatcher*, Oxford: Basil Blackwell Ltd., 1989, p. 74.

为工党在社会改革道路上的"两个伟大的里程碑"①。

在住房方面,1949年通过了《住房法》,取消了地方当局对工人阶级提供住房的限制,对第一次购房的低收入家庭给予额外津贴和其他优惠,为老人和病人提供特殊住房,鼓励地方当局营造房屋以廉价出租,等等。根据这一法案,工党政府设置了住房修建执行委员会,在1945年至1951年间建成住房90.2万套②,1952年完成30万套,1953年完成32.7万套,1954年完成35.4万套,使英国战后的住房问题得到了缓解。③

在教育方面,1944年的《巴特勒教育法》建立了面向所有年轻人的中等学校教育体制,依据教育机会均等的原则,向所有5岁至15岁的儿童提供免费义务教育,实现人人受教育的普遍权利;建立统一的教育体制,将教育过程分为初等、中等和高等三个阶段,取消原先的初级教育和继续教育两级分段制;凡是11岁以上的儿童都必须进行考试,并根据考试结果决定其继续升入文法中学或现代中学。

进入20世纪六七十年代后,工党在社会福利制度方面给予了更多的投入,国民保健费占国民生产总值的比重由1964年的4.2%上升至1969年的4.9%,医院的建筑经费增加了一倍。自1966年至1969年,平均每年建造住房40万幢以上。在教育方面,政府致力于发展培养技术工人的综合中学,使全国综合中学的数目增加了10倍,到1970年,其在校生数已达全部中等学校学生总数的1/3。政府还专门建立了一所"空中大学",后被称为"开放大学",通过电视节目、函授和暑假补习班为在适龄时期失学的人提供就读大学的机会。威尔逊政府还颁布了《工会争议法》和《多余劳动力补贴法》,和工会签署了《生产率、物价和收入问题

---

① [英]阿伦·斯克鲁等:《战后英国政治史》,王子珍等译,世界知识出版社1985年版,第25页。

② Michael Hill, *The Welfare State in Britain, a Political History Since* 1945, Edward Elgar Publishing Company, 1993, p. 37.

③ 孙洁:《英国的政党政治与福利制度》,商务印书馆2008年版,第59页。

意向宣言》，以保护工人权利，调和劳资矛盾，争取工会的支持。①

3. 国民经济计划化

与国有化和福利国家一样，国民经济计划化也是第二次世界大战后英国工党所采取的经济社会政策的重要组成部分。在《不列颠政治社会主义》一书中，道尔顿曾指出计划化的实质是对经济的监督和管理。对于第二次世界大战后初期的工党来说，计划被看作是保证充分就业、均衡经济增长和公共福利前提下确定全国经济优先发展项目的一种手段。②

1946年，工党开始酝酿成立计划机构。其后，艾德礼政府主要建立了三个计划机构：一是中央计划部（The Central Economic Planning Staff）。其职能是顾问性质，协助国家经济政策的形成。负责出版《经济调查》年刊，检查英国所面临的工业及金融问题并提出解决办法。二是经济计划局（The Economic Planning Board）。主要职能是检查中央经济计划部所准备的分析资料，估计企业能够支持其建议的能力。三是工业部门国民生产顾问委员会（The National Production Advisory Council on Industry）。职能是促进企业与劳动组织的合作，并就工业生产中存在的问题向大臣们提出建议。③

工党制定经济计划的目的主要包括：其一，确定经济政策的目标并规定这些目标的先后次序；其二，为经济活动尽可能多地提供各种经济信息；其三，利用经济手段使经济沿着正确的方向发展。

在威尔逊执政时期，对经济与社会计划化的重要性更为强调。他指出，由于保守党政府没有重视生产增长，没有严格的计划，仅把经济政策作为赢得大选的工具，因而不仅对英国工业基础的扩大造成巨大打击，影响着工业结构的调整，而且对英国保障民

---

① 金重远：《战后西欧社会党》，上海人民出版社1997年版，第19—21页。
② 何大隆编译：《外国经济体制概论》，新华出版社1985年版，第113页。
③ 倪学德：《和平的社会革命》，中国社会科学出版社2005年版，第221—222页。

众基本的社会福利也造成威胁。解决这一问题的出路就是实行经济与社会的计划化。为此,威尔逊政府成立了经济事务部,专门负责规划国家经济发展战略与目标,协调劳资双方制订年度计划,涉及投资、就业、生产、出口等经济发展的各个方面,从而把国家、地区和工业部分的生产都纳入统一管理之中。

二 工党关于社会主义的论争

在1918年通过的工党党章第四条中指出,工党要对生产资料、分配和交换实行共同所有。围绕这一条,工党上下曾展开多次讨论。1949年,安奈林·贝文在工党大会上提出,应建设一种混合经济,在这种经济体制下,实行竞争原则的私营工业作为一支轻骑部队,是整个经济的一个不可分割的部分。[①] 实际上,关于社会主义的内涵以及是否修改第四条一直是工党内部争论的重要问题。早在第二次世界大战前,乔·柯尔就在《费边社会主义》一书中指出,社会主义主要就是这样三种思想,"使人人有同等机会,保证人人享有基本的生活水平,还有民主自由"[②]。第二次世界大战结束后,英国经济社会状况的变化再一次引发了对社会主义的辩论。

1. 克罗斯兰对社会主义的论述

1956年,克罗斯兰结合英国社会状况的新特点,在《社会主义的未来》一书中对社会主义的内涵和目标进行了阐释。

克罗斯兰首先分析了第二次世界大战后十年的英国社会状况。第二次世界大战后随着政府对经济干预的加强以及经济的快速发展,英国基本实现了充分就业,贫困人口急剧下降,劳资冲突减少,贫富差距减弱,社会服务增强,同时,生产资料所有权的重

[①] 刘淑春摘编:《英国工党关于什么是社会主义的辩论》,《当代世界社会主义问题》1995年第1期。

[②] [英]乔·柯尔:《费边社会主义》,夏遇南、吴澜译,商务印书馆1984年版,第24页。

要性弱化，资本家的权力相对于经理阶层明显削弱，劳资双方的权力平衡也向劳方倾斜。因此，1956年的英国已不再是传统意义上的资本主义社会，资本主义是"特指具有英国在19世纪30年代到20世纪30年代间的基本社会、经济和意识形态特征的社会"①。此时，"生产资料所有制已经不再是决定一个社会本质属性的关键因素了"，"因此，现在继续根据'所有制形式'这一标准来定义和区分社会性质，似乎很不合时宜"，"而根据平等、阶级关系、政治制度来判定社会性质似乎更有意义"②。

既然资本主义已经发生重大变化，那么作为资本主义的对立物而出现的社会主义的理论必然也要随时间的变化而变化。在克罗斯兰看来，社会主义理想应该包括五点：一是反对资本主义所带来的物质上的贫穷和肉体上的痛苦；二是拓展"社会福利"——尤其是针对那些由于各种原因而陷入贫困、压迫或不幸的人们；三是坚信平等和"无阶级社会"，尤其是希望赋予工人"应有"的权利和相应的工作地位；四是反对竞争、对抗，渴望博爱、合作；五是反对作为一种经济制度的资本主义的无效率，尤其是反对其导致大规模失业的趋势。③ 其中大部分理想在英国已经实现，至少部分实现了，而"福利"和"平等"仍有非常明显的合理性和很大的努力空间，特别是对社会平等的信念，"实际上一直是各种社会主义理论中最强有力的伦理诉求，也仍然是当今社会主义思想的最鲜明特征"④。

在把社会主义看作一种价值和理想的基础上，克罗斯兰认为，"国家拥有所有企业资本并不是实现社会主义社会、建立社会平等、增加社会福利、消除阶级差别的条件。在现有制度安排中，不公平的是私人财富分配；通过多元经济就可以像通过完全国有

---

① ［英］安东尼·克罗斯兰：《社会主义的未来》，轩传树、朱美荣、张寒译，上海人民出版社2011年版，第39页。
② 同上书，第38—39页。
③ 同上书，第65页。
④ 同上书，第74页。

经济一样治愈这个毛病,而且前者在社会满意度与权力分散方面会带来更好的效果",我们的理想是"实行一个完全混合所有制的社会——一个具有多样的、分散的、多元的、不同质的所有制形式的社会"。①

克罗斯兰对社会主义传统理论的修正,在英国工党内引起了四十多年的争论,也为工党在冷战后的转型奠定了基础。

2. 围绕公有制的讨论

对于 1918 年党章中的公有制条款,工党内部一直有着纷争。20 世纪 30 年代后期,D. 杰伊和 E. 德宾等就提出修正工党传统理论的主张。1948 年,H. 莫里森又在工党年会上反对采取进一步国有化的措施。1951 年大选失败后,围绕国有化问题,工党内部展开了激烈讨论。以工会领袖 A. 比万等为代表的"左"派认为,坚持社会主义等于国有化,工党应进一步扩大国有化;以莫里森为代表的中间派主张保持现有的公有制比例不变,将提高国有企业的效率作为下一步的目标;以 H. 盖茨克尔为首的主张对传统理论进行修正的右派认为资本主义已发生了质的变化,要求放弃国有化政策,代之以"混合经济"。但修正派的这一观点并未得到工党多数人的认同。在 1955 年和 1959 年大选中,公有制仍然是其重要内容之一。然而,在三次大选(1951 年、1955 年、1959 年)接连失败后,盖茨克尔提出,党章公有制条款是工党在大选中失败的关键原因,并在 1959 年的工党年会上提出了修改公有制条款的主张,但受到党内新老左翼和主要附属工会的抨击。1960 年 3 月,工党全国执委会拟定了对党章第四条作出"新的解释"的附加条文,提出"工党承认公营企业和私营企业在经济中均占有一定的地位"②。1961 年,为统一党内思想,工党特别制定了详细的政策文件《60 年代的路标》。该文件既坚持公有制的社会主义信仰,重

---

① [英]安东尼·克罗斯兰:《社会主义的未来》,轩传树、朱美荣、张寒译,上海人民出版社 2011 年版,第 323 页。

② 《各国社会党重要文件汇编》(第二辑),世界知识出版社 1962 年版,第 82 页。

申了公有制在工党政策和战略中的重要性,提出了公有制和经济计划相联系的观点;同时,也包含了混合经济的内容,将公有制作为控制经济发展的一种手段。

20世纪70年代,主张"混合经济"的包括英国在内的资本主义国家普遍陷入经济滞胀时期。因此,工党在70年代执政后掀起了第二次国有化高潮,但并未使英国摆脱经济困境。

三 20世纪七八十年代工党内部斗争与政坛失势

20世纪70年代后期到80年代初,工党内部左右翼斗争加剧,不仅导致工党的分裂,也使其在政坛上失势。

1976年威尔逊辞职后,右翼人士卡拉汉当选为新一任工党领袖和政府首相。面对严峻的国内经济形势,卡拉汉政府认为传统的凯恩斯主义无法解决根本问题,必须推行货币主义,限制收入增长,严格控制货币发行量,削减政府财政开支。在这一思想指导下,卡拉汉政府实行了限制工资政策,而且为保证该政策的顺利实施,对托尼·本等左翼人士的职位进行了调整。到1978年,在经济形势好转的情况下,卡拉汉政府依然实施这一政策,限制工资的增长幅度,遭到工会的强烈反对,广大工人和基层工会对政府的不满日益强烈。自1978年11月起,一系列的大规模社会冲突接连爆发,首先是油罐汽车司机罢工,此后,英国运输工会、港口工人、火车司机、医疗卫生业工作人员、教师、市政人员都相继罢工。到1979年3月,英国全部行政管理和生活服务都已瘫痪。工党政策的失误也直接导致在同年5月的大选中,撒切尔领导的保守党获胜。

面对工党在1979年大选的失败,党内左右翼都进行了反思。右翼认为工党政府的主导思想和经济政策是正确的,大选失利的主要原因是工会不配合政党。左翼则认为大选的失利是由于政府主导思想右转,没有坚定地实施左翼战略。同时,左翼还认为,20世纪70年代初期提出的正确纲领之所以没有得到很好的实施,根本原因是工党的组织体制对右翼有利，左翼不能控制党的主动权。因而，左翼开始向右翼发起夺权行动，以更好地实践自己的思想。

面对左翼愈演愈烈的夺权斗争，比尔·罗杰斯、大卫·欧文和雪莉·威廉斯三位右翼的前工党政府大臣在1980年8月发布联合声明，要求工党停止激进左转的局面，否则将退出工党。然而，这一声明并未能阻止左翼的夺权进程，导致比尔·罗杰斯等人联合前工党政府大臣罗伊·詹金斯宣布"重整英国政治"，退出工党并于1981年3月成立英国社会民主党。到1981年年底，退出工党加入社会民主党的议员人数达到23名。① 社会民主党的成立对工党造成严重冲击，它卷走大量选票，是工党大选遭遇"灾难性后果"的直接原因。②

在争夺党内领导权的同时，工党左翼也推出了自己的经济政策，即"更替性经济战略"，其内容主要包括工党左翼从1972年到1976年所提出的关于扩大国有化、加强经济计划性、控制进口、提高公共开支和退出欧共体等激进政策主张。1982年工党的纲领可以说是这一战略的全面呈现。1983年大选中，工党将"更替性经济战略"作为施政的蓝本写进了工党1983年竞选宣言《英国的新希望》中，成为第二次世界大战后最为左倾的竞选纲领，一位工党国会议员把它说成是"历史上最长的自杀遗书"③。从当时英国的情况来看，其经济陷入滞胀，主要经济指标增长缓慢，英国在世界中的经济地位日趋下降。为应对滞胀，当时以撒切尔夫人为代表的保守党抛弃了凯恩斯主义，转向限制政府作用的新自由主义，通过放松管制、私有化、大幅削减福利和税收等措施加强经济活力。而工党在1983年的竞选宣言中却没有针对英国社会的

---

① 李华峰：《英国工党政坛沉浮与主导思想的关系研究》，中国社会科学出版社2013年版，第159页。

② Eric Shaw, *The Labor Party Since 1979: Crisis and Transformation*, Routledge, 1994, p.17.

③ [美]托尼·朱特：《战后欧洲史》（下），林骧华等译，新星出版社2010年版，第502页。

这种巨大变化提出相应的解决方案，仍然坚持原来的目标和基本政策，最终结果是工党在这次全国议会选举中失去 300 多万张选票，失掉议会中的 160 个席位，只获得 209 个议席、8456934 张选票，得票率仅为 27.6%，是 1918 年以来的最低点。① 同时，工党的内部斗争和主导思想的激进左转，也导致越来越多的普通党员对工党失望，党员人数由 1979 年的 724 万下降到 1982 年的 652 万，其中，来自工会的集体党员从 651 万下降到 619 万，个人党员由 66 万下降到 27 万。②

第二节　冷战期间英国共产党的理论探索及其分裂

第二次世界大战结束后，英共根据英国的国内情况和当时的国际形势，提出了自己的理论主张。然而，英共党内的分歧，导致英共在冷战期间出现了三次大的分裂，使其力量严重削弱。

一　冷战期间英共的理论主张

1. 英共的"和平过渡"理论

英共是社会主义国家以外第一个将其党纲建立在和平过渡到社会主义可能性基础上的党。1947 年，英共总书记哈里·波立特在《展望未来》的小册子中指出，全世界民主和社会主义力量的胜利，为通过与俄国革命不同的道路向社会主义过渡创造了新的可能性。1950 年，英共制定了新党纲——《英国通向社会主义的道路》，并于 1951 年在英共二十一大上获得通过。纲领指出，在英国这样一个发达的资本主义国家，通过议会的民主改造，最有可

---

① ［英］托尼·布莱尔：《新英国：我对一个年轻国家的展望》，曹振寰等译，世界知识出版社 1998 年版，第 129 页。
② 李华峰：《英国工党政坛沉浮与主导思想的关系研究》，中国社会科学出版社 2013 年版，第 162 页。

能和平过渡进入社会主义。至此,英国式的革命道路正式由"革命推翻资本主义"转变为"和平过渡到社会主义",英共的"和平过渡"论也基本形成。① 此后通过1957年、1968年和1977年对党纲的三次修订,形成了完整的"和平过渡"论,系统回答了英国和平过渡到社会主义的一系列基本问题,包括英国和平过渡到社会主义的客观依据和战略方针等。

（1）英国和平过渡到社会主义的客观依据

在英共看来,英国可以和平过渡到社会主义是由于英国的具体情况以及1917年俄国十月革命后世界发生了变化。从国内来看,一方面,作为最早完成工业革命的国家,工人阶级在人口中占大多数,劳工运动的潜力是巨大的。这就决定了"工人阶级及其同盟军一起就能以压倒一切的力量来孤立和对抗大资本家"②。另一方面,英国是现代化民主政治的发源地,具有深厚的议会民主传统,而且公民自由民主权利也在不断改善与扩大,因而工人阶级具有通过议会选举的方式获得政权的可能性。从国际来看,第二次世界大战后,"世界范围的力量对比已经决定性地倾向了社会主义和进步方面……社会主义、民族解放、工人阶级和进步势力的力量日益增强,为英国创造了在没有外国军事干涉的情况下走向社会主义的更为有利的条件"③。正是由于"英国的不同条件和历史以及世界力量对比的变化,使英国可能通过一条不同的道路实现社会主义"④。

（2）英国和平过渡到社会主义的进程和战略

英共认为,英国和平过渡到社会主义是一个长期的过程。1977

---

① 商文斌:《战后英共的社会主义理论及英共衰退成因研究》,中国社会科学出版社2010年版,第43页。
② 中共中央党校科学社会主义教研室编:《欧洲共产主义资料选编》(下册),中共中央党校科研办公室,1985年,第208页。
③ 同上书,第202页。
④ 《英国走向社会主义的道路》(英国共产党纲领),中共中央对外联络部七局(内部资料),1979年,第45页。

年英共的纲领中明确指出,"打破资产阶级在生活、政治、经济和文化等各个领域的控制以及争取大多数人民支持社会主义的政策……是一个需要时间的复杂、困难和多方面的进程",英国"不可能在一夜之间就从实际上是管理资本主义的工党政府推进到一个实行社会主义的政府"。①

为了使英国实现过渡到社会主义的目标,左翼必须着手实行意义深远的社会变革,包括:在经济方面,要对经济活动进行有效控制,如把支配经济的最大公司中的关键公司收归国有;在社会方面,改变社会政策的优先顺序以使年金、福利费、住房、医疗和教育等社会福利事业的开支有一个大的发展等;在政治方面,使政权民主化和扩大民主;在对外关系方面,要奉行建立在和平共处、与社会主义国家和资本主义世界中进步力量合作以及支持民族解放运动的原则基础上的独立的外交政策。要实现这种变革,就必须建立一个在左翼纲领基础上选举产生的并决心执行这一纲领的新型工党政府。这个政府将为劳动人民的利益解决经济问题并在此过程中使阶级的力量对比朝着不利于大资本家及其同盟者的方面转化。它也是一个同议会外群众斗争关系密切,开始对英国社会进行重大民主改造的政府。②

为了确保这一变革,使英国实现和平过渡,英共就必须在今后的斗争与实践中采取正确的策略方针:一是要建立包括资产阶级下层在内的广泛的民主联盟;二是要把议会斗争和议会外的斗争结合起来;三是要联合工党。

英共和平过渡理论的提出,是其结合英国现实对实现社会主义道路所做的探索,它不仅丰富了马克思主义的社会主义革命道路理论,也开启了世界各国共产党独立自主探索适合本国国情的革命道路的先河。在英共之后,意共、法共、西共等相继提出了通

---

① 中共中央党校科学社会主义教研室编:《欧洲共产主义资料选编》(下册),中共中央党校科研办公室,1985年,第231页。
② 同上书,第238页。

过和平民主的方式走向社会主义道路的设想。

2. 英共对未来社会的构想

英共认为英国的社会主义社会不仅是一个为人民提供丰富的物质和较好的社会服务的社会,也是一个使人民的不同才干得到充分发挥的社会。其基本特征包括:

(1) 经济特征

公有制是基本特征,主要的工业和生产资料都是公有的;对整个经济实行社会主义计划;经营管理实行民主的方式;繁荣的社会主义经济将能满足人民的社会需要并且提高生活的质量。

(2) 政治特征

在国家政权性质上,英共主张由工人阶级及其同盟者行使国家政权,但不提"无产阶级专政"。1951年的英共纲领是第一个没有提"无产阶级专政"一词的纲领。1977年,英共执行委员会发表声明,阐明了不使用"无产阶级专政"一词的理由。声明认为:"在纲领中使用'无产阶级专政'一词将会使人误会。第一,我们认为把'专政'一词用于说明我们想要建立社会主义社会是极不恰当的。……第二,无产阶级专政一词在本世纪已经历史性地同通过武装起义实行社会主义的概念联系在一起。这些并不是我们的目标。第三,尽管马克思、恩格斯和列宁都明确地讲到无产阶级专政是工人阶级与其同盟者之间的联盟,但无产阶级专政一词本身并不能说明这一点。'无产阶级'一词常常用来表示工人阶级的传统核心,即从事体力劳动的产业工人。因此,对于当代读者,这个词可能含有工人阶级的核心对其他人的专政。这并不是我们的主张。由于以上种种原因,我们认为在我们党的纲领中使用这个词是不适当的。"[①]

在国家政治体制上,主张实行议会民主制和多党制。这是因为在结束资本主义政权以后,不同的政治利益和观点将继续存在并

---

① 商文斌:《战后英共的社会主义理论及英共衰退成因研究》,中国社会科学出版社2010年版,第92页。

将在政治上表现出来。即使在阶级消灭之后，仍然需要继续表达不同的政治主张和看法，包括通过议会的形式，供人民选择。当然，在一个全面发展的社会主义社会中，这样的争论不会像资本主义社会一样反映为不可调和的对抗。因此，根据这些理由，英共赞成实行多党制，让这些党有权维持其组织，出版刊物和参加竞选。

在人民的民主权利上，主张保障公民的权利与自由，强调男女平等与妇女解放。

（3）外交政策

英共1977年纲领指出，一个社会主义的政府将全面开展缓和、履行赫尔辛基协议和退出北约的斗争，支持裁军以及资本主义国家和社会主义国家之间的和平共处原则。它将促进世界的合作和友谊。具体包括：反对战争，削减军费开支；支持民族解放运动，所有国家都拥有完全平等的权利和独立，尊重它们的民族尊严和不干涉它们的内政；尽可能在最广泛基础上扩大与其他国家的贸易与合作；努力加强联合国的地位和权威；建立新型的党际关系，反对大党大国主义，每个共产党都是平等和独立的。

二　冷战期间英共的分裂与衰退

冷战期间，在国际共产主义运动面临不利的国际形势、社会主义阵营内部出现动荡与分裂的背景下，英共内部也分歧不断，不仅导致其出现了三次分裂，而且党员人数和影响力急剧下降。

1. 英共内部纷争与分裂

第二次世界大战结束后，国际共产主义运动史上发生了许多重大事件和问题，对于这些问题，英共党内分歧严重，导致其出现了三次大的分裂，严重影响了英共的发展。

（1）20世纪60年代的分裂

战后英共党内的第一次危机来自于苏共二十大与波匈事件的冲击。在1956年召开的苏共二十大上，赫鲁晓夫的《关于个人迷信及其后果》的"秘密报告"全盘否定斯大林执政时的各种理论，批判了对斯大林的个人崇拜，对世界形势和社会主义阵营产生了重大影响，也在英共党内引起严重的意见分歧。随后的波匈事件暴露出苏共大党大国主义倾向，更是使英共党内思想极度混乱，导致近五分之一的英共党员退党。为此，原定于1958年召开的英共二十五大提前于1957年4月以非常代表大会的形式召开，试图对苏共二十大等问题进行讨论，以统一党内思想，消除党内分歧。然而，在分析苏共个人崇拜产生的原因时形成了尖锐对立的两派意见：一派主要由知识分子组成，因人数较少被称为"少数派"。该派认为，党过去只有集中没有民主，民主集中制是造成个人崇拜的根源，并要求英共党员脱离苏共。另一派主要由党的干部组成，因人数较多被称为"多数派"。该派肯定了民主集中制的组织原则，认为个人崇拜的产生不仅不是民主集中制原则的结果，反而是不执行民主集中制或者破坏民主集中制原则的结果。这些分歧没有及时得到解决，为英共后来的派别纷争和分裂埋下了伏笔。

20世纪60年代，中苏论战爆发，英共内部再次发生严重分歧。少数干部和一些党员反对党的领导层盲目追随苏共反华，对"亲苏反华"政策，英共领导层内部也有不同意见，如英共执委会委员、混合机械工人协会的工会主席瑞格·伯奇就曾多次公开反对批评中共。1967年4月，瑞格·伯奇被开除出党。随后，英共党内那些不满"亲苏反华"政策的党员相继被开除出党或自行退党。1968年4月，瑞格·伯奇宣布成立拥有500多名党员规模的"英国共产党（马列）"，公开反对英共中央的路线方针政策。同时，几个地区的英共党团员和一些激进的"新左翼分子"也陆续成立了一些"反修小组"，影响较大的有"第四国际英国支部"、"工人革命党"和"社会主义工人党"等。

（2）20世纪70年代的分裂

1968年，捷克斯洛伐克共产党中央第一书记杜布切克发起了名为"布拉格之春"的政治体制改革。1968年8月，苏共联合保加利亚、民主德国、匈牙利、波兰等国出兵捷克斯洛伐克，由此引发了英共党内再一次的激烈斗争。反对苏军入侵捷克斯洛伐克、对苏联的部分政策进行批评的占党内多数，而以《劳工月刊》主编帕姆·杜德为首的少数派则公开支持苏共，指责英共领导层反苏、背离马列主义的基本原理、放弃无产阶级专政。这两派的纷争一直持续到20世纪70年代中期。1976年到1977年，英共党内就对待苏共的态度问题和联盟问题展开了激烈争论。1976年欧洲共产党会议期间，英共协同南斯拉夫、意大利、法国、西班牙等国共产党一起，反对按苏共的意图制定一个对欧洲党有约束力的"共同纲领"。1977年，英共中央强调要实行广泛的民主联盟，以将左翼的吸引力延伸到劳工运动以外，从而扩大联盟。英共的上述行动和路线均遭到少数同情并支持苏共的亲苏派的反对。1977年7月，以杜德为首的亲苏派利用英共三十五大前夕开展讨论的时机，猛烈抨击英共中央路线，企图迫使英共中央改变政策，在失败后，杜德带领500多名党员退党。1977年7月中旬，由萨里地区主席佛伦奇等人发起成立了"英国新共产党"（NCPB），约有500名党员。该党自称是"工人阶级先锋党"，主张坚持马列主义，宣称其目标是在英国实现社会主义。该党批判英共中央推行"欧洲共产主义"，指责英共纲领是"渐进的改良主义"。

（3）20世纪80年代的第三次分裂

20世纪70年代中期，随着欧洲共产主义思潮的涌动，英共也开始对其策略和路线进行思考，并引发了党内的争论。1977年英共的第二次分裂并没有使党在这一问题上达成一致，纷争仍在继续。1979年，苏军入侵阿富汗，使英共党内矛盾再次激化，形成了以党刊《今日马克思主义》主编马丁·雅克为首的多数派（独立自主派）和以党报《晨星报》主编托尼·蔡特为首的少数反对派两派。英共总书记麦克伦南及大多数执委会成员支持独立自主派，但部分地方干部和工会干部支持反对派。1982年，两派矛盾公开化，《晨星报》针对英共的工作失误、党员思想混乱、力量被削弱等问题，不断地公开批评和指责英共。1983年11月，托尼·蔡特等人被赶出执行委员会。1984年3月，英国煤矿工人工会发起大罢工。罢工持续了一年，最终因保守党政府的高压政策和工会内部的不团结而走向失败。在此次罢工中，英共党内对罢工形势和斗争策略存在分歧，英共中央认为资本主义产业结构和阶级力量已发生变化，应研究新的斗争策略。反对派则不承认罢工失败，主张同政府硬拼。这一分歧使两派之间的矛盾进一步扩大化。1985年1月，英共执委会开始还击反对派，决定将蔡特等人开除出党，对反对派的另外18人予以撤销职务留党察看处分，解散西北区委。在1985年5月召开的第三十九次特别代表大会上，针对英国当时的形势、革命战略以及社会主义民主等问题，两派展开了激烈争论。对于英国当时的形势，英共中央认为，撒切尔主义分裂工人阶级，迫使工人阶级处于守势，它是英国资本主义最反动部分在当时形势下的产物；反对派认为，英共中央执委会背离了"马克思主义阶级分析方法"，所以得出了悲观的结论。关于新形势下的英共革命战略，英共中央认为，工人阶级的领导不是依靠工人阶级的"单干"而是联盟来实现，面对撒切尔主义，不能死抱着以往的斗争手段和策略，要制定新战略，建立包括劳工、和平、妇女、生态和少数民族等各种进步运动在内的最广泛的"反撒切尔主义民主联盟"；而反对派则认为，英国一切政治力量之间的关系都不过是两个基本阶级敌对的反映，强调开展阶级斗争，建立反垄断联盟。关于社会主义民主问题，英共中央强调社会主义应该最大限度地保障人民的民主权利，尊重各国人民的独立和主权；反对派则认为，英共中央的这一立场是反苏、反社会主义的。经过激烈斗争，英共中央击败了党内反对派，大会否决了反对派提出的全部提案并批准了将蔡特等人开除出党和对反对派其他成员施以纪律处分的决定，大会选出的45名新执委会成员中没有一名是反对派成员。但是，两派之争并没有就此结束。1985年6月9日，在出版《晨星报》的出版社股东大会上，英共执委会提名的5名管委会候选人全部落选，反对派仍然控制着此报。1988年4月，原伦敦区委主席、全国执委会委员希克斯在伦敦召集晨星报派成立英国共产党（晨星报派，简称CPB），该党指责英共中央背离马克思主义阶级分析方法，声称坚持英共的传统路线。这次分裂致使英共党员人数锐减了2400多名。

1989年11月，英共四十一大召开。以马丁·雅克为首的英共纲领修改委员会认为原党纲已经过时，主张放弃马列主义基本原理，否定阶级斗争，实行"人道的社会主义"价值观。1990年，英共总书记尼娜·坦普尔表示要抛弃列宁主义。在1990年12月22日召开的代表大会同意抛弃马克思列宁主义的指导思想和民主集中制的组织原则。1991年11月，英共将党的名称改为"民主左翼"（Democrate Left），以三个小人手拉手图案取代镰刀斧头的党旗党徽图案，党刊《今日马克思主义》停办。

2. 英共总体力量和政治影响的衰退

英共在第二次世界大战后经历了三次大的分裂，加之当时的国内和国际环境都不利于英共的发展，致使其人数不断缩减。表2-1反映了英共党员人数的变化情况：

表2-1 冷战期间英共党员人数

年份	党员人数	年份	党员人数	年份	党员人数
1945	45535	1961	27541	1974	28378
1946	42123	1962	32492	1975	28529
1947	38579	1963	33008	1976	26242
1948	43000	1964	34281	1977	25293
1950	38853	1965	33734	1979	20599

续表

年份	党员人数	年份	党员人数	年份	党员人数
1952	35124	1966	32243	1981	18458
1953	35054	1967	32916	1983	15691
1955	32681	1968	32081	1985	12711
1956	33085	1969	30607	1986	11000
1957	26742	1970	29356	1987	9000
1958	24670	1971	28803	1988	8546
1959	25313	1972	28505	1989	7615
1960	26052	1973	29943	1991	4742

数据来源：Martin J. Bull and Paul Heywood（ed）, *West European Communist Parties After the Revolutions of* 1989, Palgrave Macmillan, 1994, pp. 149－150.

除党员人数外，英共在历次英国大选中也屡遭挫折，得票率一直在非常低的水平上徘徊，从未超过4%，表2－2统计了战后至20世纪70年代期间英共参加大选的情况：

表2－2　　　　1945—1974年英共大选选票及议员数

年份	英共选票	百分比	议员数	年份	英共选票	百分比	议员数
1945	102780	0.4	2	1964	45086	0.2	—
1950	91815	0.3	—	1966	62112	0.2	—
1951	26640	0.08	—	1970	38341	0.1	—
1955	33144	0.1	—	1974	32741	0.1	—
1959	30896	0.1	—				

数据来源：［英］尼尔·麦金尼斯：《西欧共产党》，复旦大学国际政治系、外语系、资本主义经济研究所译，上海译文出版社1978年版，第35页。

从上表可以看出，在第二次世界大战后，英共不论是人数还是大选成绩都严重下降，对英国主流政治的影响更是日渐式微，日益被边缘化。因而有学者就指出,"在《共产党宣言》发表的土地上这也算是一件怪事"①。

英共在冷战期间的衰退除由于党内纷争不断导致分裂外,还与冷战期间的国际环境和国内环境密切相关。

(1) 冷战期间的国际形势不利于英共的发展

第二次世界大战后,许多国家建立了社会主义制度,这本应使世界社会主义运动获得强有力的支撑,然而,由于苏共在国际共运中推行大党主义和大国主义,导致社会主义阵营内部出现纷争和动荡,加之各国在探索社会主义发展模式的过程中也出现了一系列问题,从而使社会主义运动陷入低潮。与此同时,资本主义借助新科技革命和经济全球化,通过自身的调整和修复,重新焕发了生机与活力。对于包括英共在内的资本主义国家共产党来说,这种国际形势十分不利于其发展。

(2) 改良主义在英国的盛行使英共理论接受度较低

英国的劳工运动一直深受工联主义的影响,主张进行经济抗争,通过工会与雇主进行谈判来谋求工人待遇、福利的改善。统治阶级为了维持社会稳定,也采取了适度提高工人工资、改善工人工作环境等措施,从而让工联主义更加盛行,而主张将经济斗争和政治斗争结合起来,推翻资本主义制度的理论受众面相对较小。正如熊彼特所指出的那样:"自欧文的全国各业统一总工会在1834年崩溃以来,或自宪章运动衰亡以来,英国劳工运动已不再能激起任何决定性敌意。"②

(3) 战后英国社会结构的变化限制了英共的阶级基础

战后随着英国经济的发展尤其是第三产业的发展,英国的社会结构随之发生变化,传统产业工人数量急剧下降,第三产业从业

---

① 转引自商文斌《战后英共的社会主义理论及英共衰退成因研究》,中国社会科学出版社2010年版,第111页。
② [美]约瑟夫·熊彼特:《资本主义、社会主义和民主主义》,商务印书馆1979年版,第399页。

人员明显增加，如 1987 年农业部门只占英国就业总量的 2.4%，工业部门占 29.8%，服务部门则占 67.8%。① 加之随着英国经济在战后的恢复和不断发展，各阶层的收入都有明显的增长，这也导致社会结构由原来的"金字塔"形向"橄榄"形转化，各种专业技术人员和管理人员在工人阶级中所占比重日益提高，形成了新的中间阶层。对于这部分人来讲，共产主义缺乏吸引力。

（4）英共对社会主义的理论探索难以突出其特色

战后英共根据当时的国内国际条件提出了"和平过渡"理论，然而在建立广泛的民主联盟，使英国走向新道路的过程中，如何扩大英共的力量并使其能够引导这一联盟的目标朝着社会主义前进这一方面，英共并不能作出明确的说明。不仅如此，英共在和平过渡问题上也日益表现出趋同于民主社会主义的迹象，包括在其纲领中不提无产阶级专政，在战后英国国内经济结构、阶级结构等发生变化的情况下，更是提出要把英共建设成为一个群众性的党，这些都使其难以突出无产阶级政党的特色，难以体现与其他左翼政党如工党等在群众基础、目标等方面的不同，削弱了其对工人阶级的吸引力。1991 年英共四十三大更是将党名改为"民主左翼"，在党纲中宣称该党的存在是为了使其成员能够为民主的、人道的和绿色的社会主义人民运动作出贡献。②

（5）新自由主义对工人和工会力量的压制

1979 年撒切尔上台后，开始推行新自由主义。新自由主义以"自然失业率"这一概念来掩盖资本主义国家中存在的大量失业，而且以此来反对工会的存在，并把工会组织当作垄断组织，认为工会是导致工资水平过高、失业严重的一个重要原因。在这种思潮的指导下，撒切尔政府通过 1980 年、1982 年、1988 年、1990

---

① 商文斌：《战后英共的社会主义理论及英共衰退成因研究》，中国社会科学出版社 2010 年版，第 137 页。

② Martin J. Bull and Paul Heywood (ed), *West European Communist Parties After the Revolutions of 1989*, Palgrave Macmillan, 1994, p. 172.

年的《就业法》和1984年的《工会法》限制工会的权力，取消了工会作为一个整体享有的普通法豁免权，缩小了排外性雇佣制企业和声援纠察线的范围，同时拒绝采取收入政策，以削弱工会的谈判能力。不仅如此，撒切尔政府还对罢工采取强硬政策，动用警力弹压罢工。这些都限制了工会的作用，工人入会人数大大减少，资强劳弱的局面形成，英共在工会和工人中的组织动员工作也更为困难。

由于上述原因，加之英共的三次分裂，导致英共的力量在战后不断衰退，在英国的政治影响力不断下降。

第三章　苏东剧变以来英国共产党对社会主义的新探索

苏东剧变以来，英国共产党经过力量的重新组合，继续坚持活动。在对资本主义进行批判的基础上，英国共产党对社会主义道路进行了新的探索，也积极参与国内和国际的各种活动。然而，由于英国共产党在冷战期间的纷争与多次分裂，加之欧洲和全球社会主义运动的国际环境不利于英共的发展，因此英共仍处于力量较为弱小、影响力十分有限的状态。

第一节　苏东剧变后英国共产党力量的重组与发展

苏东剧变以来，英国存在着多支共产党组织，尽管处在不利的环境中，力量也比较弱小，但却一直没有放弃对社会主义和共产主义的坚持。

1977年7月15日成立的"英国新共产党"（New Communist Party of Britain，NCPB）一直坚持活动。作为英国的一个共产主义政党，该党的指导思想是马克思列宁主义，其政治立场属于极左翼，是政治上最倾向于反修正主义的共产党。1993年12月，该党通过了新纲领，指出坚持党的工人阶级先锋队的性质和立场。该党的党报为《新工人报》，在20世纪80年代和90年代初期，该党还出版了《工业公报》、《爱尔兰公报》和《经济公报》。总书记为安迪·布鲁克斯,党员人数300人左右。自成立以来到目前（2016年12月）为止,英国新共产党一共召开了18次全国代表大会,大约每两年召开一次。2015年12月,英国新共产党召开了第十八次全国代表大会。大会认为,当前世界上的主要矛盾仍然是美帝国主义和世界其他地方争夺主导权之间的矛盾。在本次大会上,英国新共产党再次强调了党的性质和组织原则,指出,共产党是无产阶级的政党,而不是各阶级轮流执政的政党。党是工人阶级的先锋队,是无产阶级的最高组织形式。党的组织原则是民主集中制。在选举方面,英国新共产党从2000年起一直支持工党。该党指出,在议会制民主时代,工会和工党政府合作是工人阶级最好的选择。因为保守党是富人的政党,是和财富、财阀以及大地主联系在一起的,必然对工人阶级带有敌意。在目前的选举制度下,战术投票或者弃权,实际上意味着浪费投票并最终使保守党受益。对新英国共产党来说,支持工党是工人阶级实现社会主义斗争的最佳方式。所以在每年的地方和全国选举中,英国新共产党都呼吁工人支持工党。

成立于1968年4月的英国共产党（马列主义）[Communist Party of Britain（Marxist-Leninist）]（简称为CPB-ML）在苏东剧变后也继续活动。1972年,英国共产党（马列主义）通过了其纲领——《英国工人阶级及其政党》。2001年1月,该党重申了这一纲领,认为本纲领在新的时期不仅没有过时,而且仍富有启发性。该党的党报为《工人报》。在2016年的英国脱欧公投中,该党支持英国脱欧,称那些反对英国脱欧公投的人是"人民的敌人"。英国共产党（马列主义）因其反对移民而出名。该党在2005年《工人报》上发表的一份声明中表示,最近从东欧移民到英国的大量移民,是资本主义统治阶层蓄意利用"廉价劳动力"来削减英国工人的工资和工作条件的一个深思熟虑的计划,而且,这种大规模移民正在影响着英国的基础设施、学校、医院和交通运输等,使其超负荷运转,并损害了当地工人阶级的利益。由于该党在许多问题上仍坚持传统的、过左的、过激的理论观点，因此在民众中一直影响很小，人数不过200人左右。

大不列颠共产党（马列主义）[Communist Party of Great Britain (Marxist – Leninist)] 成立于2004年7月3日。在该党看来，1920年英国共产党的创立是迄今为止英国无产阶级所取得的最大进步，但后来英共被修正主义所控制，而大不列颠共产党（马列主义）则继承了英国共产党的传统并发展前进。该党的创始人为哈帕·布拉尔，他自1979年开始一直担任反帝国主义杂志——《挑战》的编辑。1996年，他放弃了在伦敦威斯敏斯特大学的法律学教职，全身心投入政治活动，2004年创办大不列颠共产党（马列主义）并任党的主席。布拉尔指出，该党的"理想根植于马克思列宁主义、苏联十月革命和中国革命"[①]。在该党看来，他们与其他政党的不同之处在于，"我们工作的各个方面都坚持革命性的分析以及科学的方法，从而使得我们能够从无产阶级的角度来解决每一个问题，在资产阶级宣传的洪流中坚持我们的路线。这使我们不仅能够找到真相，而且还能利用这一真理来规划我们的工作"[②]。该党的党报是《无产者报》。该党的资金来自党员募捐。在发展党员方面，该党通过组织各种活动吸引新成员，如每年在英国不同地区举行"1天党校"活动。尽管目前来看该党仍是个小党，但其党员人数在逐年增加。同时，该党有不少党员加入了工会，并力图通过工会组织扩大影响，但由于英国工会普遍对共产党组织没有兴趣，因而工会在扩大党的影响方面作用非常小。至于党的组织活动，该党每月召集一次中央委员会会议，支部也定期开会，地区支部也尽量保持两月碰面一次。该党还举办很多开放式活动，如中国、朝鲜、津巴布韦问题讨论会，也围绕教育、健康、就业等进行专题讨论。2014年11月，该党召开了第七次代表大会，对21

---

① 《英国共产党会议室悬挂毛泽东像与中共党旗》（http://www.china.com.cn/world/txt/2008 - 08/04/content_ 16128119. htm）。

② http://www.cpgb - ml. org/index. php? secName = about.

世纪初英国的阶级状况、公共卫生保健、乌克兰问题等国内和国际问题进行了探讨。

英国革命共产党（马列主义）［Revolutionary Communist Party of Britain (Marxist – Leninist)］（简称 RCPB – ML）也是一个较小的英国共产主义政党。1972 年成立时以英格兰共产党（马列主义）［Communist Party of England (Marxist – Leninist)］命名。1979 年重组后改名为英国革命共产党（马列主义）。该党的党报和党刊为《工人每日新闻》和《工人周刊》。在 2003 年 3 月 29—30 日召开的第四次代表大会上，该党强调要致力于发挥工人阶级的作用，认为工人阶级不能幻想其他阶级力量能够使当今社会走出危机并进入社会主义社会，因此本次大会的主题就是只有工人阶级才能拯救这个时代。该党还强调指出，工人阶级不应局限于经济斗争。工人阶级应该摒弃那种他们只应该发动经济斗争，政治斗争应该由那些政客，尤其是工党来进行的观念。对于工人阶级来说，在进行经济斗争的同时，他们也必须要进行政治斗争。在 2018 年 5 月 12 日由英国劳工联合会组织的 3 万多名工人在伦敦的游行示威中，该党也参加了游行活动，并印制了传单："工人阶级必须在社会的各个领域发挥领导作用"；"必须实行新的经济动作方式，发挥工人组织和工人阶级的作用；必须自觉地与阻碍工人阶级行使权利来解决社会问题、改变经济方向的势力作斗争；必须更新观念，为建立新型治理方式、新型政治形态、新型生产关系而斗争"。这些传单的内容也反映了该党对工人阶级的作用及其奋斗目标的看法。

除上述共产党组织外，苏东剧变以来在英国影响较大的是英国共产党（Communist Party of British，CPB）。20 世纪 80 年代，在英共党内分歧严重的情况下，党内的少数派于 1988 年 4 月由原伦敦区委主席、全国执委会委员希克斯召集召开重建英国共产党代表大会，另立组织。由于他们控制原英国共产党（CPGB）的机关报《晨星报》，所以也被称为"晨星报派"。该党指责当时的英共中央背离马克思主义阶级分析方法，声称继承了原英国共产党的传统，仍把民主集中制作为组织原则。在原英国共产党（CPGB）于1991年演变为"民主左翼"之后，该党逐渐把英国共产党这个名称和旗帜接过来。英国共产党强调坚持马克思主义理论为指导，并主张把马克思主义与本国斗争实际相结合。英国共产党指出自己是一个建立在马克思列宁主义基础上的政党，强调党正是为了从事社会主义革命而组建的。2008年召开的英共五十大，再次强调英共是英国"工会、和平和进步运动中唯一一个运用马克思列宁主义来理解垄断资本主义社会各方面的政党"①。2000年，英国共产党在原英共党纲的基础上，制订了新党纲《英国走向社会主义的道路》，此后又结合英国的情况对其进行修订，2011年7月执行委员会通过了最新的党纲，出版了《英国走向社会主义的道路》（第8版）。该党的最高权力机关是全国代表大会，每两年举行一次。2017年11月19—20日召开了第五十四次全国代表大会，其决议为"阻止统治阶级的进攻，建立左翼领导的政府"。会议期间的一次特别会议重点审议了如何推进共产党重建问题，力图通过共产党重建来增加更多的新党员，增强党的活力，稳定党的队伍和强化党的政治教育。党报是《晨星报》（*Morning Star*），发行量近1万份，还办有英共机关刊物《共产主义观察》（*Communist Review*）。该党虽然人数不多，但在英国工会运动、反战联盟、核裁军运动中有一定影响。21世纪以来，该党人数维持在八九百人左右，具体变化情况见表3-1。

表3-1　　　　　　　　21世纪英国共产党人数

年份	人数	年份	人数	年份	人数	年份	人数
2004	811	2008	967	2012	922	2016	769
2005	852	2009	955	2013	924		

---

① "We are for Communism & Unity – Our Flag Stays Red", May 24, 2008, http://www.Communist-party.org.uk/index.php? file=newsTemplate&story-308.

续表

年份	人数	年份	人数	年份	人数	年份	人数
2006	916	2010	931	2014	917		
2007	930	2011	915	2015	772		

资料来源：https：//en.wikipedia.org/wiki/Communist_Party_of_Britain

从总体来看，苏东剧变后英国共产党组织的力量都比较弱小，政治影响力十分有限，对英国的主流政治难以产生影响。

第二节　英国共产党对资本主义的批判

苏东剧变以来，世界社会主义运动陷入低潮，资本主义国家在这一有利的国际环境下，借助新科技革命和全球化实现了经济发展和民主制度的扩张，全球垄断资产阶级的力量得到进一步发展和巩固，资本对劳动的剥削和压榨进一步深化。在这种状况下，英国共产党对资本主义进行了深刻批判，揭示了其引发的各种危机。

一　国家垄断资本主义的新发展及其引发的问题

列宁早在20世纪初就指出垄断是资本主义发展的最新阶段，它"必然产生停滞和腐朽的趋向"[1]。根据当时的情况，列宁将资本主义垄断阶段分为私人垄断资本主义阶段和国家垄断资本主义阶段，并认为"国家垄断资本主义是社会主义的最充分的物质准备，是社会主义的前阶，是历史阶梯上的一级。在这一级和叫作社会主义的那一级之间，没有任何中间级"[2]。时至今日，垄断资本向更大的规模发展已是资本主义国家不可逆转的现象，垄断仍然是资本主义的根本特征。随着科学技术的不断进步和生

---

[1] 《列宁专题文集·论资本主义》，人民出版社2009年版，第185页。
[2] 《列宁选集》第3卷，人民出版社1995年版，第266页。

产规模的不断扩大，资本和财富的集中也在以惊人的速度和规模不断发展。在垄断资本强大力量的作用下，资本主义的经济政治决策深受利益集团的影响，从而使其偏离了正常发展的轨道，导致资本主义经济、政治和社会等方方面面的危机加剧。

1. 垄断资本的扩张及其本质

在19世纪，周期性的危机——通过破产和合并——加快了小公司融进少数大公司的进程。20世纪七八十年代，在经济金融化和新自由主义的推动下，英国垄断资本加速扩张。

英国共产党指出，在国内，尽管英国有成千上万的小企业，但在各工业部门和服务行业占主导地位的通常不超过五六家大公司。这些大公司控制着技术，垄断着出口市场，并利用其在市场上的优势使小企业成为其原料供应商、分包商和分销商。[①] 与此同时，在经济日益金融化的时代，这些垄断企业，无论是国有的有限公司，还是私人投资的企业，都为金融机构所控制。因此，那些拥有和控制大型金融企业并由此控制着主要的非金融垄断机构的阶层，构成了英国占统治地位的资本家阶级的核心。这个相对较小的金融资本家阶级操纵着英国的经济运行，使国内的垄断利润最大化，并在世界范围内实现"超额利润"；同时，它们也在很大程度上决定了英国关键的国内政策和外交政策。

随着英国经济的金融化和新自由主义的推行，撒切尔政府通过解除对资本流动和金融市场的管制，使伦敦成为全球金融衍生工具投机活动的中心。在实施了30年的"新自由主义"经济政策后，英国经济比以往任何时候都更加体现出为银行和金融资本服务的特征。

此外，在全球化的推动下，英国工业的大部分领域也已为跨国公司所控制，尤其是能源、钢铁、水泥、化工、港口、机场和大众媒体。计算机、电子、机床、汽车和耐用消费品等领域的高科技

---

① "State‐Monopoly Capitalism in Britain", https：//www.communist‐party.org.uk/socialism/alternative‐strategies.html.

产品大部分都是由跨国公司生产的。如今，英国拥有的垄断企业被限制在相当狭窄的领域：金融、石油、天然气、采矿、零售、制药、电信、食品、烟草和武器制造。这反映了英国经济的新殖民主义倾向。在大多数情况下，他们的大部分投资都在英国以外，在廉价劳动力的支持下赚取超额利润。事实上，除美国外，英国资产阶级比其他国家的资产阶级都拥有更多的海外经济和金融资产。

对于资本主义主导的全球化，英国共产党进行了批判。在英共第四十五次代表大会决议——《反对新帝国主义》中，英共通过一系列数字的对比，深刻揭示了全球化所带来的两极分化趋势，指出在1995—1999年，世界上最富有的360人的收入要大于30亿最贫困者的收入；有13亿人的日消费水平刚刚超过50美分；世界最富有的20%人群与最贫困的20%人群的差距在1969年是30∶1，1990年是60∶1，而现在则是74∶1，并且有进一步发展的趋势；世界最富有的20%人群拥有世界财富的85%，最贫困的20%人群只控制了仅仅1.4%的世界财富，而在30年前他们控制的财富量曾达到2.4%。在这种情况下，维护和平、满足人类需求的平衡、持续的经济发展、保护环境以及人类的全面发展，并不能通过资本主义的"新世界秩序"得到解决。①

2. 垄断引发了大量经济和政治问题

在垄断资本强大力量的作用下，资本主义的经济政治决策深受利益集团的影响，必然使其偏离正常发展的轨道，出现大量经济和政治问题。对此，英国共产党指出，国家垄断资本主义是为维护统治阶级的利益而构建和运行的，而英国政府最近的政策更是体现了其服务于统治阶级的本质，并由此对经济、社会正义、民主、和平和地球生态系统都产生了重要影响。

2007年以来，英国统治阶级的首要任务是确保金融资本的牟

---

① "Resisting the New Imperialism", http：//www.myspace.co.uk/cp-of-britain.

利能力不受危机的影响。这就意味着缩小英国公共预算赤字的负担必须主要落在公共服务业以及公共部门的工人和大量的工人阶级纳税人身上，而不是由富人和大企业来承担。如果英国国家垄断资本主义要维持英镑的信誉和伦敦城作为金融中心的地位的话，就必然要通过大规模削减社会开支来减少公共部门财政赤字，其后果必然是广大民众的利益受损。

在就业方面，垄断资本为追求利润最大化而将许多产业转移到发展中国家，导致英国减少了400万个制造业岗位。尽管服务业新增了许多就业，但这些岗位大多都是低薪、临时性、兼职和不稳定的。

在收入和财富、住房、饮食、健康和教育机会方面，英国已成为发达国家中最不平等的社会之一。随着剥削的加剧，工薪阶层和超级富豪之间的差距也在拉大。在今天的英国，最富有的10%人口拥有全国总财富的一半左右，而50%的最穷的人拥有的财富还不到总财富的十分之一。[①]

除这些社会问题外，垄断尤其是金融垄断的发展使英国的虚拟经济和实体经济之间严重脱节，更易受经济危机的冲击。英国共产党总书记罗伯特·格里菲斯在2008年年底召开的第十次共产党和工人党国际会议上就从总体上分析了虚拟资本过度发展的后果，指出："迫于垄断的压力以及投机行为，虚拟资本已经使实体经济和资本的实际价值在商品和服务上达到了世界各国生产总值的四倍。据国际清算银行报告，世界市场上所有金融衍生品的价值已经达到651兆英镑，而世界各国每年的国内生产总值是61兆英镑。所有这些用于赌博的'虚拟资本'的价值是全世界商品和服务价值总和的十倍。这种情况是不可能长期延续下去的，由于人们都想从'虚拟资本'中牟利，因此它的价值总有一

---

① "State‑Monopoly Capitalism in Britain", https：//www.communist‑party.org.uk/socialism/alternative‑strategies.html.

天会暴跌。"① 2007年美国次贷危机及其后的国际金融危机发生后，包括英国在内的欧洲国家也深受影响，陷入债务危机就是明显的例证。

二 资本主义的全面危机

英国共产党指出，资本主义的整个历史和经验表明，它是一个危机和矛盾的体系。资本主义的基本矛盾即生产的社会性和资本主义私人占有之间的矛盾在不断激化和扩大。这不仅体现在经济领域，还体现在社会、文化和政治领域。进入21世纪以来，在经过了200多年的资本主义统治之后，人类面临着一系列相互关联的危及各民族以及我们所居住的地球的危机。全球70亿人口中，有20亿人缺乏足够的食物、卫生、保健和教育。同时，能源危机、全球变暖、战争和大规模杀伤性武器的存在和扩散等都使人类面临威胁。② 因此，英国共产党认为，资本主义陷入了"全面危机"。

第一，在生态方面，碳排放的持续增长使地区变暖、极地冰川融化、海平面上升、土地沙化面积扩大，等等。然而，垄断企业和主要的资本主义大国却拒绝采取必要的措施来控制排放，因为他们担心这会减少垄断利润。数百万的人们逃离家园，同时国家间还发生了资源争夺战，导致煤、石油和天然气等资源的枯竭。在这种情况下，欧盟非但没有对可替代的安全、可再生能源进行大规模投资，反而通过将污染企业转移到发展中国家等来缓解国内环境问题，使全球生态环境进一步恶化。

第二，在社会方面，近几十年来，几乎所有地方的社会不平等都在扩大。药物滥用、犯罪和反社会行为等相关问题也不断增加。地球上的70亿人口中，有超过10亿人处于营养不良或挨饿状态。

---

① 聂运麟：《金融危机与资本主义国家共产党的理论与策略》，《当代世界与社会主义》2009年第2期。

② "Capitalism and Exploitation", https：//www.communist‐party.org.uk/socialism/capitalism‐a‐crisis.html.

跨国公司控制着粮食的生产和分配，其目的是在利润最丰厚的市场上实现利润最大化，而第三世界国家只能种植经济作物以获取收入，这进一步使其人民处于贫困和饥饿的状态。数亿的成人和儿童无法获得医疗和教育服务，其中多数妇女是文盲。由于水和其他能源资源被资本主义的垄断企业利用来寻求利润最大化，超过10亿人无法获得安全的饮用水和卫生设施，致使每年都有数百万人死于本可以预防的疾病。

第三，在政治方面，巨大的商业影响力催生了赤裸裸的野心、虚伪和腐败。在发达的资本主义民主国家中，大多数人，特别是工人阶级，已经远离了资产阶级政治。这反映在他们加入政治党派的比例下降，以及对职业政治家的高度怀疑和敌意上。

第四，在意识形态方面，从全球来看，尽管苏联解体使人们对社会主义替代资本主义的信心有所动摇，但对资本主义的批判和对抗态度仍广泛存在，甚至在2007年危机之后有所增加。

第五，在文化方面，工人阶级作为艺术和文化活动的生产者与消费者的潜力不断被资本主义所有权和权力所削弱。资本主义就如同生产其他商品一样也在越来越多地生产着"文化"。"大众文化"因此变成了一种商业的、保守的力量，它加深了自私、贪婪和个人主义的思想。垄断资本主义社会是一个所有事物都能被定价，然而其对社会的真正价值却被否定或扭曲的社会。

正是由于上述矛盾与危机，英国共产党认为，资本主义作为一种体制，已不能再对人类的发展作出进步贡献。是资本主义将整个星球和人类带入了深渊的边缘，因此，它必须对这些危机负责。

三 资产阶级民主制度和政党

列宁早就指出，在资本主义制度下，民主制度受到束缚，它只是"极少数人享受民主，富人享受民主"①。对于资本主义民主的

---

① 《列宁专题文集·论马克思主义》，人民出版社2009年版，第258页。

虚伪性,英国共产党人进行了深刻的揭露和批判。

英国新共产党总书记安迪·布鲁克斯在 2017 年 1 月举行的欧洲共产党会议上指出:"资产阶级民主实际上只是剥削者的民主。它是对被剥削者的独裁,(民主)对他们只有形式上的意义。资产阶级的选举,可以让最少的人操纵最多的选票。议会也可能会反映统治阶级内部的分歧,然而所有这些最终都是欺骗。它掩盖了资产阶级国家基础上的资产阶级政府只服务于统治阶级利益的事实。资产阶级政府是采用虚假的资产阶级民主,还是采用公开的资产阶级独裁,取决于这个国家的经济状况和力量平衡。"①

英国共产党也指出,无论哪个政党执政,掌权的总是资本家阶级。在这一点上,工党政府与其他政党执政的政府没有什么区别。在 20 世纪和当前的 21 世纪,社会民主主义的局限性已经非常明显,它一次又一次地证明,社会主义仍然是替代资本主义的唯一选择。②

但对于英国工党,英国共产党也肯定了其积极作用,认为"工党独特的结构和构成确保了其内部显著社会主义倾向的存在,这部分社会主义者有时在党内外意识形态斗争中取得重大进展,制定部分维护工人阶级利益、反对大企业的政策"③。因此,尽管在 20 世纪 90 年代工党在推行"第三条道路"后其指导思想发生了很大转变,但工党仍然是有组织的工人阶级的群众性政党,在选举中继续得到大部分工人的支持。但从根本上来说,工党的政纲和意识形态是社会民主主义,试图通过对资本主义进行改良来维护劳工运动眼前的暂时利益,而不是根据工人阶级和全人类的根本利益废除资本主义制度。因此,英国共产党认为,从最好的

---

① 《英国新共产党论十月革命和社会主义》(http://www.wyzxwk.com/Article/guoji/2017/03/377851.html)。

② "State-Monopoly Capitalism in Britain", https://www.communist-party.org.uk/socialism/alternative-strategies.html。

③ 刘洪才主编:《当代世界共产党党章党纲选编》,当代世界出版社 2009 年版,第712 页。

方面说，工党也"仅仅反映和代表了工人阶级在政治生活中的'工会意识'。主导工党的改良主义观点使其作用局限于资本主义制度下的议会功能。它的竞选工作也只限于如何参加选举，而且工党极少或根本没有进行社会主义教育"①。

事实上，除英国工党外，在德国、法国、瑞典、澳大利亚和其他发达国家，社会民主党政府也都是试图改良资本主义以保护工人阶级的利益，而不是走社会主义道路。这就导致其政策受到很大影响。以英国为例，战后福利国家的建成使很多人摆脱贫困和部分疾病，但它很容易受到频繁的削减福利开支政策和私有化的影响；累进税制为公共服务提供了额外资金，并在一定程度上实现了财富的再分配，但20世纪80年代在新自由主义政策主导下，税率大幅降低，其国民财富再分配的功能也受到很大影响；煤炭、钢铁、铁路、电力、天然气、水、公共交通、港口、电信和航空等领域的国有化，确保了20世纪下半叶对基础工业、资源和服务的巨大投资，但这种国有化的主要目的是拯救或发展那些私人资本因利润低而不愿投资的产业，因而不仅在国有化过程中对私人资本家给予了高额补偿，还通过补贴价格或签订利润丰厚的合同等方式使私营企业获利，工人也无法参与企业的经济决策。因此，英国共产党指出，在资本主义国家，福利国家、累进税、公有制和经济计划并不等同于社会主义。它们确实给工人阶级、资本家和整个社会都带来了实实在在的好处，也是资本主义社会中出现的新社会因素。但是它们并不能消灭资本主义剥削及其所造成的巨大的不平等。② 正如恩格斯在《社会主义从空想到科学》中所指出的那样，"无论向股份公司和托拉斯的转变，还是向国家财产的转变，都没有消除生产力的资本属性"，因为"现代国家，不管它的形式如何，本质上都是资本主义的机器，资本家的国家，理想

---

① "The Labour & Progressive Movements", https://www.communist-party.org.uk/socialism/the-forces-for-change.html.

② Ibid.

的总资本家。它越是把更多的生产力据为己有，就越是成为真正的总资本家，越是剥削更多的公民"。①

在英国共产党看来，工党和其他社会民主主义政党并不能提出社会主义革命的战略，这是因为其缺乏有效的理论和纲领，他们对资本主义的理解不是基于马克思主义的阶级分析方法。然而，工党与其他社会民主政党的不同之处在于，"它是一个有附属群众性工会组织的全国政党……劳动人民组织起来的集体力量还是能够——通过他们的工会——在工党中发挥重大影响"②。在2017年4月24日，罗伯特·格里菲斯发表声明，号召英国工人阶级在6月8日的选举中支持工党，组建左翼领导的政府，而且工党在此次选举中也提出了许多有益于工人阶级的政策如提高累进税、国有银行投资于公共服务、支持工业发展、取消英国国民健康服务的私有化、铁路部门的工业化，等等。③

第三节 英国共产党对社会主义的理论探索

在冷战期间，英国共产党曾提出了"和平过渡"理论，并对社会主义社会进行了理论构想。苏东剧变后，英国共产党人对于英国如何实现社会主义继续进行探索，对于实现资本主义向社会主义过渡的策略、依靠的力量等都进行了分析。如大不列颠共产党（马列主义）总书记哈帕·布拉尔就认为："以下几点至关重要：第一，工人阶级必须有科学的指导，即马克思列宁主义。第二，无产阶级要决不妥协地对机会主义展开斗争。第三，无产阶级需要一个纪律严明的、强有力的以马列主义为指导的政党。第

---

① 《马克思恩格斯文集》第3卷，人民出版社2009年版，第559—560页。
② 刘洪才主编：《当代世界共产党党章党纲选编》，当代世界出版社2009年版，第711页。
③ Robert Griffiths, Communists Declare: Vote Labour Everywhere for A Leet – led Government, https://www.communist – party.org.uk/britain/elections/2330 – communists – declare – vote – labour – everywhere – for – a – left – led – government.html.

四,要解释清楚,苏联的解体是因为对马克思列宁主义的全面修正和歪曲,而不是因为马列主义站不住脚,这一点极为重要。"①英国新共产党的总书记安迪·布鲁克斯也指出:"社会主义只能通过革命来赢得,而这一革命只能由革命的党来领导。社会主义不能通过选举来实现,因为当资产阶级受到威胁时,就会拿起武器,抛弃一切民主的装饰。社会主义也不能仅仅通过总罢工来实现,因为这很容易就会被统治者击败或引入歧途。只有通过群众——已经认识到自己力量的工人阶级的动员,才能实现社会主义。这样,必须有一个受到工人阶级紧密拥护的起领导作用的马克思列宁主义政党。"②而作为英国多个共产党组织中最大的一支,英国共产党更是详细论述了社会主义革命的战略、阶段等。

一 工人阶级和工人运动

20世纪中后期,随着发达资本主义国家产业结构的调整,工人阶级的行业分布也发生了重大变化。在英国,20世纪最后25年,曾在英国叱咤风云的矿工、钢铁工人、造船工人实际上已经消失,整个制造业的工人已经减少一半。20世纪90年代初英国制造业雇佣了800多万人,到90年代中期已不到500万人。从整个工业部门来看,在1971—1998年期间,工人减少1/3,从而使产业工人在工人阶级总人口中的比重下降。③在这种情况下,工人阶级如何发挥其作用,是英国共产党重点探讨的问题。

1. 英国工人阶级的构成

工人阶级的核心是从事制造业、工程、建筑、能源、运输和体力劳动的人,但公共和私营部门的行政人员和其他工作人员同样是工人阶级的一部分。尽管有些工人不承认自己是工人阶级,将

---

① [英]哈帕·布拉尔:《经济危机的根源与进程》,《光明日报》2013年12月16日。
② 《英国新共产党论十月革命和社会主义》(http://www.wyzxwk.com/Article/guoji/2017/03/377851.html)。
③ [英]克里斯·哈曼:《谁来改变这个世界:工人阶级还是大众?》,工力编译,《国外理论动态》2004年第11期。

自己视为"中产阶级",并有可能在一些旨在维护资本主义制度和思想的机构工作,但他们事实上也是工人阶级的一部分。

还有一些工人可能直接持有股票,或者通过养老金或其他基金间接持有股票,但他们的主要收入来源仍然是工资,因而仍然是工人阶级的组成部分。正如马克思所指出的那样,"吃穿好一些,待遇高一些,特有财产多一些,不会消除奴隶的从属关系和对他们的剥削,同样,也不会消除雇佣工人的从属关系和对他们的剥削。由于资本积累而提高的劳动价格,实际上不过表明,雇佣工人为自己铸造的金锁链已经够长够重,容许把它略微放松一点"①。

英国共产党指出,在资本主义制度下,工人阶级的共同之处在于他们都是被剥削者。这也包括那些在公共部门工作的人,他们的剩余劳动虽然没有直接为雇主带来剩余价值,但却降低了资本主义国家的运营成本。他们的剩余价值被国家榨取,获益的是整个资产阶级。②

2. 工会的作用

在资本主义制度下,工会不仅试图保护工人免受过度剥削、危险的工作环境、欺凌和骚扰等,也会通过与雇主的斗争等来改善其成员的工作和生活条件。此外,他们还试图代表工人更广泛和更根本的利益,组织工人运动以改变政府政策,建立或支持政党等。英国共产党认为:"工会是工人阶级中最大、最有力量的组织,在促使工人集中并显示其集体力量、反对资本家为追逐利润而降低工资和恶化劳动条件等方面发挥了关键作用。从这个意义上说,工会是工人参加阶级斗争的重要培训学校。"③

在英国的工人运动中,尤其是2008年金融危机以来的工人运动中,工会起了重要的组织作用。如2011年3月26日,超过75

---

① 《马克思恩格斯文集》第5卷,人民出版社2009年版,第714页。
② "The Labour & Progressive Movements", https://www.communist-party.org.uk/socialism/the-forces-for-change.html.
③ 刘洪才主编:《当代世界共产党党章党纲选编》,当代世界出版社2009年版,第710页。

万的英国职工大会会员在伦敦举行了示威游行。2011年6月30日，公共行业的5个工会共同组织了一次有100万工人参加的罢工，反对缩减养老金，要求增加工资，反对裁员或私有化。2011年11月30日，由全英教师工会、公共和商业服务员工工会等20多个工会联合组织的抗议政府养老金改革计划的罢工，参与者超过200万人，是英国32年来最大规模的公营部门大罢工。

除组织罢工外，英国工会还接受了英国共产党和其他左翼政党所提出的一些政策，以为工人争取更大的权益。如由英国共产党所提出的《人民宪章》在2009年被英国职工大会采纳，2012年得到苏格兰工会、威尔士工会和妇女工会的支持，现在已为大多数英国工会所采纳。《人民宪章》提出的要求是：向富人和大公司征税；将金融、公共交通和能源公司收归公有；投资住房、教育、生产性工业和可持续经济；终结支持军国主义和战争的政策。

3. 建立反垄断联盟

英国共产党一直强调劳工运动需要和其他民主运动建立联盟。在1977年的党纲中就指出，要使绝大多数人民的政治力量成为对少数统治阶级的压力就需要这种联盟，它可以使人们进一步认清压迫所有工人的各种势力，并加强工人阶级的团结。2000年英国共产党的党纲明确提出了反垄断民主联盟，认为"劳工运动有必要与其他一切争取进步、民主和平等的社会运动建立最广泛的、可能的联盟。这一联盟的客观基础是他们面临共同的敌人，即英国的国家垄断资本主义，正是这个敌人阻止了各个方面的进步。因此，最广大的人民应形成合力，向资本主义的国家政权和垄断企业施压。反垄断民主联盟的建立和发展也能加强工人阶级的内部团结，因为这一联盟让工人阶级更深刻地了解到资本主义是如何制造一系列所有劳动人民都必须面对的问题"①。2008年金融危机发生后，英国共产党认为国家垄断资本与生产力之间的矛盾是

---

① 刘洪才主编：《当代世界共产党党章党纲选编》，当代世界出版社2009年版，第717页。

当前英国国内的主要矛盾，要从根本上解决这对矛盾，必须建立大众、民主的反垄断联盟。①

在反垄断联盟中，工人阶级是主体，因为在现代资本主义社会中，有组织的工人阶级是争取进步和革命变革的中坚力量。② 2004年11月英国共产党第四十八次全国代表大会修订的《英国共产党的目标和章程》明确主张通过议会内和议会外的斗争确立工人阶级的统治，指出要"就一切事关人民利益的问题开展群众斗争，不断宣传社会主义思想，以实现工人阶级的团结并建立一个以工人阶级为核心的民主反垄断同盟，团结斗争的目标是使真正忠于社会主义纲领的社会主义者和共产主义者在议会赢得多数。这一多数建立在劳动人民的力量基础之上，通过不断在议会内外开展斗争，我们就能结束资产阶级的经济和政治权力，从而确立工人阶级的统治并开始建设社会主义"③。

既然工人阶级是反垄断联盟的主体，那么真正代表工人阶级的工会自然就成为反垄断联盟中的重要力量。英国共产党认为，工会在抵制紧缩政策和私有化计划的大规模工人运动和反垄断运动中，是最重要的战斗阵地，代表了迄今为止工人阶级最强大的力量，因而，在反垄断联盟中，工会将是其重要组成部分。同时，为了更好地发挥工会的作用，必须要克服各级工会的地方主义和各自为政的现象。

反垄断联盟的最终目的是要挑战国家垄断资本主义，夺取国家政权并废除剥削制度。这一联盟必须要制订全面、有效的战略，在现阶段，英国共产党认为，要选举真正代表工人阶级和人民的工党执政，并尽最大可能对其施加压力，确保工人运动再次掌握在工人阶级手中，让工党能代表工人和人民大众的利益去赢取选

---

① 杨艳：《英国共产党关于建立反垄断联盟的探索》，《社会主义研究》2015年第3期。
② "The Labour & Progressive Movements", https://www.communist-party.org.uk/socialism/the-forces-for-change.html.
③ 刘洪才主编：《当代世界共产党党章党纲选编》，当代世界出版社2009年版，第681页。

举、形成政府和实施政策。英国共产党指出："当前的金融危机、英国金融资本的极端选择和生产力与国家垄断资本之间的矛盾等因素，共同营造出了一个全新的政治局面，催生了前所未有的、建立反垄断联盟的机会，使工人阶级以工会运动为核心改变工党变为可能。在加大运动力度的基础上，还将产生各种新的政治力量，他们会以其政治透明度和多数力量改变工会的现状，让工党能真正代表工人阶级。另一方面也要做好最坏打算，如果工党进入下一轮普选时，其反工人的政策依旧巍然不动，就说明工人阶级旨在重新掌握工党的斗争完全失败。此时，重建代表工人阶级的、大众的工党就极为必要，重建过程可能需要工会实质性部门的参与，这是小规模的工会和左翼团体无法替代的。"①

4. 对改良主义的批判

对于改良主义，列宁早就进行过分析，指出："一切资产阶级政党，除工人阶级革命政党以外的一切政党，在谈论改良的时候，都是在撒谎，都是假仁假义。我们在竭力帮助工人阶级，争取使他们的状况（经济和政治状况）能够得到哪怕是极其微小的然而是实际的改善。而与此同时我们一向说，任何改良，如果没有革命的群众斗争方法加以支持，都不可能是持久的、真正的、认真的改良。我们一向劝导人们：社会党如果不把这种争取改良的斗争同工人运动的革命方法结合起来，就可能变成一个宗派，就可能脱离群众，对于真正革命的社会主义运动的成功来说，这是一个最严重的威胁。"②

在英国，改良主义一直有很大的市场。对此，英国共产党进行了深刻的批判，认为："在所有国内和国际问题上，工人运动中的左翼领导集团支持那些总体上保护资产阶级经济和政治权力的政策——尽管对工人阶级部分做出一些小让步。工党领导人、总工会和大多数工会都与资产阶级的统治合作，而不是向它提出挑战。

---

① 杨艳：《英国共产党关于建立反垄断联盟的探索》，《社会主义研究》2015年第3期。
② 《列宁全集》第27卷，人民出版社1990年版，第88—89页。

他们主张未来对国家垄断资本主义制度进行改良和完善,但绝不会从事全面取消它的革命任务。英国工人运动中阶级合作和改良主义思想的主导地位在英帝国有基础。"① 英国共产党还指出,改良主义的性质和技巧在资本主义发展的不同阶段有所变化,如工党温和的战后改良主义以"被管理的"资本主义(或"后资本主义")的内容,展现了为生活和不断提高生活标准而工作的前景。今天改良主义的限制性更大,它使工人们接受"灵活劳动市场"的"现实",即更严厉的剥削、更大的不安全和不断降低的生活质量。阶级合作和改良主义穿上了"新现实主义"和"社会伙伴关系"的外衣。②

二 "替代的经济政治策略"和"左翼纲领"

英国共产党认为,当前英国面临的许多问题都无法在资本主义制度框架内解决,唯一的解决途径是对当前资本主义的社会结构和组织进行根本的调整和变革。然而,向社会主义的转变不是自动发生的,必须通过革命斗争,工人阶级及其同盟军团结一致,从资产阶级手里夺取政权。为实现这一目标,就需要建立一种统一、协调、更有效维护工人阶级利益的战略。

1. "替代的经济政治策略"

"替代的经济政治策略"并不是立即实现社会主义的良方,而是反对资本主义国家垄断的行动纲领,是平衡现存资本主义框架内各种力量的起点,也是联结工人阶级为维护当前利益而进行防御性战斗和使人民起来反抗垄断资本主义的根本权力基础而进行部署之间的一座桥梁。

这个策略的基本内容主要包括三个方面:在经济方面,主要的策略目标是必须维持和提高工人阶级及其家庭的生活水平。强大

---

① 刘洪才主编:《当代世界共产党党章党纲选编》,当代世界出版社2009年版,第702页。

② 同上书,第703页。

的、民主的和独立的工会与其他代表特殊利益或人群的进步运动，对于实现这些目标至关重要。在政治方面，劳工和进步运动必须拥有自己的政治组织，从而可以在选举中提出自己的政策和改革举措。政治方面的主要策略目标是保护和扩大民主自由，以及将政治斗争纳入国家机器的每一个领域——尤其是议会、政府和行政机构中——使其为工人阶级和全体人民的利益服务。在意识形态方面，左翼和劳工进步运动必须持续地与统治阶级的思想进行斗争，必须使人们认识到，民主并不是一种制度，而是一个解放的进程。必须赢得人民的支持和参与，以确保他们的合法需求得到满足。统治阶级提出的"自由企业"、"自由市场"和"社会伙伴关系"等概念，民族或种族优越性或排外性的观念，性别歧视、年龄歧视、反共产主义、虚无主义等，目的都是分裂、迷惑工人阶级，阻止其进行争取社会主义的斗争。①

2. "左翼纲领"

劳工和进步运动除加强对资本主义垄断与资本主义政府的反抗以及保持团结外，还需要一个体现替代策略的统一的纲领，即"左翼纲领"，它将成为替代的经济政治策略的重要组成部分。这一纲领将为所有反抗右翼政策和资本主义垄断的人提供方向，增强他们的信心和战斗力，以取得斗争的胜利。纲领包括以下几个方面的内容：

（1）建设高效的、可持续的经济。这就要求必须结束伦敦城对英国政府经济政策的金融支配地位，加大对生产性行业和公共服务的投入，实现充分就业，帮助第三世界国家实现发展，保护地球生态系统等。在金融危机发生后，英国共产党提出了更为具体的经济上的基本原则，包括：取消公共补贴；加强政府干预；在银行业重建一个强大的公共部门；对富人征收财产税，对能源、银行和超市的垄断利润征收暴利税；冻结燃气、用电价格，燃气、

---

① "An Alternative Economic & Political Strategy"，https：//www.communist‑party.org.uk/socialism/the‑advance‑to‑socialism.html.

电力和石油部门收归公共所有；在住房建设、能源和交通领域进行公共投资并实行公有制，在制造业进行大规模战略干预等。

（2）实现社会正义和民主文化。"左翼纲领"的社会政策的主要目标是，提高人民生活水平，大幅度减少社会不平等，反对各种形式的歧视，鼓励人民自己的文化创造力。因此，"左翼纲领"必须包括大幅度提高国家养老金、福利和国家最低工资水平，将它们与不断上升的收入或价格挂钩，取消对妇女和年轻工人的歧视。"左翼纲领"也包括促进集体主义、合作、多元文化主义和团结的价值观。文化政策应该以鼓励人们的参与、创造性和自我组织为目的。

（3）扩展和深化民主。为提高工人阶级的经济和社会利益而进行的斗争，是与扩大民主、反抗大企业的权力的斗争直接相连的。国家机构及其高层官员必须对选举产生的代表负责，而这些代表反过来又必须对人民负责。更广泛的民主权利是必要的，只有这样，民众及其组织才能更自由、更有效地采取行动。因此，"左翼纲领"必须包括这样的措施，它们能恢复1979年以来被保守党和工党政府废除或侵蚀的民主和公民自由。

（4）独立的外交政策。在国际舞台上，"左翼纲领"的目标是确保英国独立于美国和欧盟，奉行自己的外交政策。在这种外交政策下，英国的左翼政府将加强与世界各地的进步政权和运动的联系；它将寻求与其他国家发展公平的经济关系，除非那里的人们要求反抗本国的压迫或国家政权；与发展中国家签订的新的贸易和技术协议将会是互利的；英国的跨国公司将会确保符合最高的劳动和环境标准；第三世界国家欠英国金融跨国公司的债务将被免于偿还，这将使这些国家能够在与英国及其他发达国家的公平贸易关系中进行投资、发展和获益；在所有英国参加的国际机构中，左翼政府都会反对新自由主义的经济和金融政策。①

---

① "An Alternative Economic & Political Strategy", https：//www.communist‐party.org.uk/socialism/the‐advance‐to‐socialism.html.

三 英国的社会主义革命进程与建设社会主义的设想

对于英国这样的发达资本主义国家，如何进入社会主义和如何建设社会主义，英国共产党都进行了理论探索。

1. 社会主义革命进程

社会主义革命的根本特点是工人阶级及其同盟军赢得国家政权。在这一过程中，不同的阶段有不同的任务。

第一个阶段是组建左翼政府，不断增加对代表工人阶级和更广泛的人民大众的利益的左翼纲领的支持，推进反垄断联盟的发展。因此，英国社会主义革命的起始阶段将以得到社会主义者、工人、共产主义者和大部分进步人士的选票为基础，鉴于此，英国共产党在2008年时提出要在威斯敏斯特的左翼政府选举中争取这些选票。同时，赢得苏格兰和威尔士的左翼和进步政府的选举将会非常重要。在选举过程中，可能会出现不同程度的左翼合作、协调和团结。左翼政府将与劳工运动和大众反垄断联盟的其他力量紧密合作，并从议会内外争取最大支持。

但英共也指出，赢得左翼政府的选举并不能保证什么。在资本主义社会，民主是非常有限、扭曲和不稳定的。它不会延伸到人们的工作中。它可以被资产阶级及其大众传媒的巨大财富和权力所抵消。此外，民主本身也会被政府和国家的行为所侵蚀。即便是被广为宣扬的"议会主权"，也会受到国家机器、大众媒体、垄断资本家及其"市场力量"、欧盟和国际组织、国际货币基金组织和世界贸易组织等机构的权力的限制。而历史经验也表明，英国统治阶级会采取一切手段捍卫自己的权力。因此，构建一个大众的民主的反垄断联盟就十分必要。[①]

选举出一个执行替代的经济政治策略及其左翼纲领的左翼政府标志着革命进程将进入第二阶段。在这一阶段，最重要的是，将

---

① "Towards Socialism & Communism", https：//www.communist-party.org.uk/socialism/socialism-a-communism.html.

议会和议会外斗争相结合，以执行左翼纲领的主要政策。左翼政府必须与劳工运动和大众反垄断民主联盟的其他力量紧密合作，从议会内外争取最大支持。

在执行上述政策的过程中，也不应低估外部力量对左翼政府及其纲领的破坏。如对英国的货币体系和英国政府在金融市场的借款能力进行削弱和破坏，来自欧盟委员会、欧洲中央银行和欧洲法院等的政治宣传和谴责等，都可能会阻止英国向社会主义的过渡。但反过来，对这种危险也不应高估。左翼纲领的政策就是旨在降低英国在面对外部压力和破坏时的脆弱性。例如，将英国经济中的战略部门和企业收归国有，对财产和垄断利润征税以减少政府的借款需求，不加入欧元区，重建英国的工业基础，加强与发展中国家的经济和政治联系等都可以实现上述目标。

在左翼政府获得更多的支持后，工人阶级必须控制国家权力，这样才能最终实现向社会主义的过渡。"只要资产阶级继续在各个层次控制国家机器，旨在提高生活水平和扩大民主的政策就永远无法使资本主义剥削制度被废除和一个新制度——社会主义的建立。只有国家关键部门的民主化发展到由工人阶级真正掌握全部国家机器，并将其转化为实施其政策的工具，工人阶级才有可能消除剥削的基础。"[①] 而且在资本主义社会，即使是颁布和实施最为温和的左翼纲领政策，也会遇到来自如监管机构、英格兰银行和国家广播系统等公共部门和机构的阻力。即使组建了左翼政府，也并不意味着国家机器和权力现在都支持对社会的根本性变革。统治阶级将利用一切可能的手段来反对这一进程。因而，必须把政治和经济上的权力以及国家机器转移到工人阶级及其同盟手中。

2. 建设一个社会主义的英国

在掌握国家政权后，工人阶级及其同盟就能够清除垄断资产阶级的所有经济政治权力，建设一个社会主义的英国。

[①] 刘洪才主编：《当代世界共产党党章党纲选编》，当代世界出版社2009年版，第719页。

英国共产党认为，由于各国条件和所处的时段不同，社会主义的建设不能照搬其他国家的模式。在社会主义的历史上，出现过许多不同的发展模式，如苏联和中国通过中央计划经济使科学教育和经济获得了快速发展，匈牙利的农业合作化改革、南斯拉夫的自治管理等也都曾取得过很好的成绩。古巴、越南等国家也一直沿着具有本国特色的社会主义道路发展前进。而英国的社会主义建设也将体现自己的特色。

在政治方面，英国的社会主义必须建立在人民最大程度地参与到各级政府中。同时，在英国的工作场所、地区和国家中，必须要有新形式的民众参与和直接民主，以免出现过度集中、精英主义、官僚主义的倾向。各级国家机关都应由人民选举出来的代表领导，受工人阶级和大众团体指定的非国有机构的监督。英国的社会主义还要具有多样性、宽容性、反对国家干预个人的生活和选择等特征。公民表达自己观点和批评意见的权利不能只是法律条文的规定，还要有能表达其观点的媒介。宗教自由也必须得到保护。

在经济方面，建筑、工程、军备、土地、船舶和化学品等重要领域的主要企业都必须实行社会所有制，同时要巩固已有的公有制企业。只有这样才能使经济发展符合社会的需要。与此同时，社会主义并不要求所有的企业都实行单一的公有制或都归属于公共部门，中小企业、自主创业、合作企业等仍将有其发展空间。

在社会政策方面，总体目标是必须彻底废除私人的、特权式的教育和医疗保健，为所有公民提供尽可能高质量的公共服务。①

通过建立在"各尽所能，按劳分配"原则基础上的社会主义的建设，英国将向更高形式的社会，即建立在"各尽所能，按需分配"原则基础上的共产主义社会前进。这将是一个没有阶级的社会，在这个社会中，国家作为阶级统治工具的必要性将消失。

---

① "Towards Socialism & Communism", https：//www.communist-party.org.uk/socialism/socialism-a-communism.html.

这个社会没有剥削，应用科学和技术使人们从单调的劳动中解放出来，人类的能力将得到充分发挥。

第四节 英国共产党的社会政治实践

为了扩大党的影响，宣传党的主张，壮大党的力量，英国共产党也进行了多项社会政治实践活动，如参加各种选举，积极参与和领导劳工运动等。

一 积极参与选举

自英国共产党成立以来，就积极参加英国国家和地方的选举。在1945年英国大选中，英国共产党的两名党员威利·加拉赫和菲尔·皮雷廷进入下议院。尽管此后英国共产党再无党员成为议员，但他们并未放弃努力，一直积极参与竞选。

在国家大选中，英国共产党在2017年以前的大选中一直有提名候选人参加，如1997年提名了5名候选人，2001年、2005年和2010年都提名了6名候选人，2015年有9名候选人。2017年大选英国共产党未提出候选人，其总书记罗伯特·格里菲斯号召全体党员支持科尔宾领导的工党，这也是自1920年英国共产党成立以来第一次没有提名候选人。当然，由于英国共产党的力量相对弱小，其在大选中获得的选票数和得票率都非常低。表3-2反映了苏东剧变以来英国共产党在大选中的得票情况。

表3-2　　　苏东剧变以来英国共产党在历届大选中所得选票数与得票率

年份	选票数（张）	得票率（%）	议席数
1992	603	0.0	0
1997	639	0.0	0
2001	1003	0.0	0

续表

年份	选票数（张）	得票率（%）	议席数
2005	1124	0.0	0
2010	947	0.0	0
2015	1229	0.0	0

资料来源：https://en.wikipedia.org/wiki/Communist_Party_of_Britain

尽管英国共产党在大选中得到的支持率一直处于极低的水平，但其仍把大选作为一个加强民众对英共的了解、宣传其主张和策略的重要阵地。在大选中，英共都会大规模地分发宣传材料，参与讨论和辩论，展示自己的政治理念。

除全国的大选外，英国共产党还积极参与地区议会选举，详见表3-3。

表3-3　英国共产党参与的各种地区选举及得票情况

	年份	选票数	得票率
伦敦议会	2000	7489	0.4%
伦敦议会	2004	1378	1.1%
威尔士议会	2007	3708	0.4%
伦敦议会	2008	6394	0.3%
哈克尼（Hackney）市长	2010	2033	2.2%
苏格兰议会	2011	256	1.1%
威尔士议会	2011	2676	0.3%
威尔士议会	2016	2452	0.2%
苏格兰议会	2016	510	0.2%
西米德兰兹郡（West Midlands）市长	2017	5696	1.1%

资料来源：https://en.wikipedia.org/wiki/Communist_Party_of_Britain

从表3-3可以看出，英国共产党在地区议会选举中获得了一定的支持。在威尔士地区，威尔士共产党是英国共产党的一部分，在威尔士拥有100多名党员，共9个支部。金融危机发生后，威尔士共产党在2008年的地方政府选举中竞逐11个议席，得票从2.9%至12.6%不等。在伦敦地区，英国共产党要求伦敦的共产党人反对私有化的纲领以及反对加入欧元区。

除英国国内的选举外，英国共产党还积极参加欧洲议会选举。2009年的欧洲议会选举中，英国共产党支持No2EU联盟①，最终该联盟在欧洲议会选举中获得153236票。

二　利用多种方式宣传党的主张

除参加选举外，英国共产党还采取多种方式宣传党的主张和观点。

1. 媒体传播

在信息时代，英国共产党不仅利用报纸、出版物等宣传党的主张，同时也积极使用新媒体，建立广泛的社交媒体平台。主要方式包括以下几种：

《晨星报》：英国共产党的党报，在宣传共产党的主张方面发挥着重要作用。

《共产主义评论》：季刊，其主要栏目包括书评、特色文章、信件和诗等，围绕当前英国国内外的热点问题进行探讨，如2005年夏季出版的第76号的主题就是"新帝国主义"。

《挑战》：英国共产主义青年团出版的杂志，主要内容包括新闻、专题报道和政治报道，主要发行目标是年轻人。

《团结!》：关于劳工问题的小册子，经常在工会活动中免费派发。

"共产党新闻和观点"：电子邮件布告，对党最近的声明、决议、报告和政策等进行概括和宣传，对公众开放，主要目的是引导浏览党的官方网站。

---

① 该联盟是由全国铁路、海运和运输工人工会于2009年6月在欧洲议会选举上发起的民主左翼选举联盟。

共产党电视台（CPTV）、推特、脸书等社交媒体。

宣言出版社：已出版了一系列关于帝国主义、古巴教育体制、英国劳工运动和共产党的历史、当地政府和经济战略等书籍。

英国各共产党组织的官方网站。

2. 组织活动

2004年11月，英国共产党在威尔士和英格兰组织了共产主义大学的活动，在2005年至2010年间发展成为一个全国性的每年举办的为期3天的活动。伴随该活动还出现了威尔士、苏格兰和米德兰兹的地区周末大学的兴起。2006年11月，在罗斯金豪斯举办的共产主义大学活动中，工党议员约翰·麦克唐奈，全国铁路、海运和运输工人工会总书记鲍勃·克罗，英国核裁军运动组织主席凯特·哈德森，美共副主席贾维斯·泰纳，法共经济学家保罗·博卡拉等人都发表了演讲。2011年，该活动更名为"21世纪马克思主义"。

3. 结合当前热点对国内和国际形势进行分析和批判

英国共产党不止通过举办共产主义大学等活动进行宣传，而且会结合国内和国际热点问题进行理论分析和批判，以使民众对资产阶级政府的性质、全球化等问题有更深入的认识。

（1）欧盟和英国脱欧问题。英国共产党认为，欧盟原本只是一个自由贸易区，但一系列的欧盟条约一步步使其演变成一个经济、政治和军事组织。统一的大市场、单一的货币同盟以及欧洲议会、欧盟理事会等机构剥夺了那些本属于各成员国的权力，而欧盟则通过自由市场和条约中的新的自由条款把自身从组织上捆绑在一起。于是，民族国家的一部分主权丧失了，欧盟人民的权利则被转移至亲商业的条约机构。在英共看来，欧盟—国际货币基金组织—北大西洋公约组织已然构成了一条捍卫资产阶级利益、挤压工人阶级利益的轴线，欧盟恰恰处在这一轴线的起点上，因而英共将英国脱离欧盟视为击溃这一轴线的开端。英共认为，在所谓"自由竞争的开放市场经济"导向下，拥有大量资本的垄断资产阶级会自然地获得更加适合生存的空间，而工人阶级则处于更加被动的地位。欧盟是资产阶级垄断财团利益的捍卫者。它代表的是资产阶级垄断财团的利益，所通过的一系列法律规范最终目的都是捍卫资产阶级的利益，而工人阶级的利益却在欧洲一体化进程中不断受到侵蚀。基于这种原因，英国共产党一直主张英国退出欧盟，反对英国加入欧元区。面对各种反对公投结果、试图对公投结果进行否定的声音，英共给予了积极回应，并指出退出欧盟以后必须要对英国经济层面进行深度改革，扭转以往新自由主义方向，而且英共也会联合左翼力量和一切欧洲进步力量继续反对大资本的统治。①

2016年2月27日，英共在伦敦发动了一次广泛的左翼、国际共产主义运动以支持英国退出欧盟。2016年5月13日，英共总书记格里菲斯发表了《欧盟否定议会民主制和英国主权》一文，指出了欧盟通过的有关条约及欧盟各机构的运行给英国和其他欧盟各国的经济社会发展所带来的弊端，指出《欧盟运作条约》及其他协议实际上是维护大企业、大资本利益集团的利益，普通民众的利益遭受到巨大的损害，各国的民主制度与国家主权遭到削弱和限制，欧盟与北约紧密勾结在一起，逐渐融入美国控制之下的北约战略，成为对付俄罗斯、中国、中东地区的工具，因此，英国退出欧盟是完全正确的选择。2016年10月20日，英共执委会委员莉斯·佩恩发表《共产党的主张：停止阴谋破坏活动，为争取英国脱欧而斗争》，指出一些亲欧盟的议员政治密谋破坏英国人民的民主决定——脱欧，对此，共产党将与那些反对欧盟的左翼、社会主义者和工会会员一起，全力投入到英国脱欧运动中。2017年12月1—3日，罗伯特·格里菲斯在北京参加中共中央对外联络部主办的中国共产党与世界政党高层对话会时指出，为了让英国走上和平、发展与安全的道路，赢得左派工党政府的早期选举至关

---

① 童晋：《脱欧：英国共产党的立场表达》，《中国社会科学报》2016年9月29日。

重要，而退出欧盟是这一进程中的一个关键阶段。只有这样，左翼的工党政府才能扩大对英国经济的民主控制，摆脱伦敦城金融资本的统治，转向制造业和基础设施。也只有退出欧盟，左派工党才能够自由地奉行真正独立的外交和国防政策。①

（2）金融危机的根源及政府的救助政策。2008年资本主义经济危机爆发后，英国各共产党组织对危机的原因与英国解决危机的举措进行了分析，认为危机产生的根源仍然是资本主义的基本矛盾，而在试图解决危机的过程中，统治阶级只寻求保护他们自己利益的解决方案，并尽可能地维持他们的奢华生活方式，其后果只能是降低工人的生活水平，增加工人的贫困。

英国共产党反对把当前的经济和金融危机主要归结为"次贷"危机的结果，强调新工党政府和伦敦金融垄断机构也负有不可推卸的责任，指出为了服务于大企业及其市场体系的利益，包括公共部门在内的英国几乎所有的经济部门都被置于金融资本的控制之下。2008年9月28日和10月9日，英国共产党接连发表了题为《为什么国有化不是社会主义?》和《不计后果的银行贷款》等文章，敦促政府采取"为了人民而非大公司"的政策。英共总书记罗伯特·格里菲斯指出："国家中央银行通过提供贷款、保险甚至部分或全部国有化的方式拯救了失败的银行，并将大量货币注入到瘫痪了的金融市场。于是，银行债务转变成了主权债务。这种应对策略显示出资本主义国家服从于资产阶级中的一部分即垄断金融资本家的利益……大多数欧洲国家统治阶级的战略是将金融负担和危机责任推给工人阶级群体——靠借钱买房的低收入家庭、赢得了较好退休待遇（通常是对低工资的补偿）的公共行业的工人、领取救济金的失业人员和病患者。"②

---

① "Britain's Communist Take Part in 'High-Level' Meeting of World's Parties in Beijing", https://www.communist-party.org.uk/.
② 张顺洪：《构建大众的、民主的、由工人阶级领导的反垄断同盟——英共总书记谈当前国际金融危机》，《红旗文稿》2012年第5期。

英国新共产党总书记安迪·布鲁克斯指出："英国保守党领导的联合政府的削减计划是全面攻击公共部门的计划，其设计的目的就是将资本主义的危机强加在工人阶级的肩上，削减养老金计划的目的是通过增加28亿英镑来偿付政府财政赤字及填平公共部门遗留的股价下跌的沟壑。这就意味着大多数人在将来退休后得到的养老金比他们在第一次被雇佣时签约的工薪还要少得多。目前，英国新增加的失业人口达257万，还不包括原先已经登记的失业者，在业工人工作的时间更长，得到的工薪更少，而教育和卫生福利正在被削减，但富人阶层却能继续过着寄生虫般的安逸生活和享受着他们一直都在享受的快乐。"①

大不列颠共产党（马列主义）总书记哈帕·布拉尔认为："从降低利率到货币贬值，决策者们已经用尽了法子。所有这些措施只能暂时缓解而不能完全克服危机，因为根本的问题是生产过剩，这是资本主义所固有的矛盾，也是资本主义无法解决的问题。资本主义唯一的'解决方案'便是不断加重工人阶级的负担，以及发动无穷无尽的战争。帝国主义政府通过紧急救助方案，将数万亿资金从纳税人身上转移到了金融大亨们手中。工人一直在为赋税的增加、大批公共服务的取消、失业率的上升和福利开支的削减买单，所有这些都是为了减少财政赤字。这些缩减的开支反而加剧了生产过剩的危机。资本主义思想家们担心当前的危机会走20世纪30年代大萧条的老路，释放出推翻帝国主义的革命力量。如果资本主义能够将其巨大的财富用于改善民众的生活现状，那它就不是资本主义了。"②

（3）工党的政策。针对英国工党在1997年重新上台执政后采取的政策，英国共产党指出，工党政府执行的实际上是最大限度地增加大财团利润的政策，但却伪装说是能给劳动人民和他们的家庭带来财富。之所以如此，一方面是因为它与其他发达资本主

---

① 聂运麟：《社会主义才是未来》，《红旗文稿》2012年第7期。
② ［英］哈帕·布拉尔：《经济危机的根源与进程》，《光明日报》2013年12月16日。

义国家一样奉行新自由主义理念；另一方面也与英国极力维护它作为一个主要帝国主义力量有关。①

（4）英国的种族歧视。英国共产党指出，种族主义和法西斯主义已对英国的社会构成了严重威胁。共产党"反对任何旨在削弱反对种族主义运动的倾向，主张废除种族主义的移民法案和避难制度"；"主张把反对种族主义和法西斯主义思想作为党在工会、工人阶级团体和群众运动中广泛工作的一个有机组成部分"；"主张将反对种族主义运动纳入工人阶级和劳工运动组织之中，并以此为基础努力建立起广泛的可能的政治上和组织上的团结一致"；"要求在领导反对种族主义的斗争中使广泛的劳工运动理解种族剥削与压迫的极端重要性"。②

（5）全球化。英国共产党国际部书记肯尼·考尔指出，时髦的"全球化"一词，是在不可抵挡的市场力量和不可抗拒的科技进步，尤其是信息和通信网的发展过程中出现的。由于当今的世界市场已经变得完全透明，所有工人和企业处于一种相互竞争的状态。因此，这一过程必然伴随着对工人更为残酷的剥削。③ 新近的英共代表大会则将全球化直接界定为一个新的帝国主义发展阶段，认为它在先前帝国主义发展阶段的旧特征基础上出现了一些新特征，其中之一就是帝国主义大国之间矛盾和竞争的集中化。④

三 积极参加与领导各种社会运动

英国共产党尽管成员数量并不多，但仍积极参加与领导各种社会运动。

---

① 商文斌：《战后英共的社会主义理论及英共衰退成因研究》，中国社会科学出版社2010年版，第166页。

② 商文斌：《从英共46大看其内外政策》，《咸宁学院学报》2004年第1期。

③ Contribution to International Conference of Communist and Workers' Parties on "Globalization and the Left", Athens 1999, 英共网站 http：//www. myspace. co. uk/cp - of - britain.

④ "We are for Communism & Unity - Our Flag Stays Red", May 24, 2008, http：//www. Communist - party. org. uk/index. php? file = newsTemplate&story - 308.

在 2011 年 3 月 26 日的英国职工大会会员的示威游行中，英共成员不仅积极参与，而且发放了 5 万份《晨星报》。在 2011 年 6 月 30 日，公共行业的 5 个工会共同组织的 100 万工人参加的罢工中，英国共产党参与了其各个阶段的活动。

对于英国共产党在工人运动中的作用，英共总书记格里菲斯指出："尽管我们的党规模小，但我们在许多地方工会的委员会中扮演了有影响力的角色，这些委员会把各城镇的工会凝聚在一起；同时，两个最大的工会在英国职工大会总委员会中的代表都是共产党员。我们党的公报《团结》为大型罢工和示威游行活动出版专刊。共产党在群众运动中的主要影响通过《晨星报》发挥，《晨星报》管理委员会中现有 5 家全国性工会的代表，包括英国最大的工会组织——联合工会。我们努力工作，期待在今后一个时期内扩大共产党的影响和党员规模。因为，工人们反对紧缩方案，且在寻求比工党领导层目前的设计方案更清晰、更强大的替代方案。英国共产党组织的英国共产主义大学在其经济和政治发展中，强调加强与有组织的工人们的联系。英国共产党认为，自身成长是战斗精神总成长和劳工运动政治向左转的一个实质性部分。劳工运动也需要在工党内部表现出来。"①

在妇女运动方面，英共认为仍有许多女性继续遭受双重压迫和过度的剥削，因而终止女性压迫的斗争是进步运动内在的重要的组成部分。为推动妇女运动，英共不仅提出了妇女宪章，对妇女运动在社会、工作以及劳工运动等方面的奋斗目标进行了规划，并明确指出英共要在妇女解放运动中发挥主要作用。

在其他社会运动方面，英国共产党认为，当前英国乃至整个世界都面临战争威胁和严重的生态危机，因此，英共主张，一方面要在全球范围内开展反对战争、新殖民主义和太空军事化的斗争，努力重建核裁军运动；另一方面要发动反对资本主义、保护生态

---

① 张顺洪：《构建大众的、民主的、由工人阶级领导的反垄断同盟——英共总书记谈当前国际金融危机》，《红旗文稿》2012 年第 5 期。

环境的运动。不仅如此，还要把核裁军运动、和平运动、保护生态环境运动和劳工运动联系起来，形成更广泛的民主联盟。

四 参加国际会议和党际活动

作为国际共产主义运动的一支力量，英国共产党组织积极参加各种国际会议，如共产党和工人党国际会议以及欧洲共产党会议，英国共产党组织基本上都会参加。2017年1月在比利时布鲁塞尔举行的欧洲共产党会议上，英国新共产党总书记安迪·布鲁克斯不仅对资本主义进行了批判，而且肯定了十月革命的意义，指出了共产党当前的任务。2010年召开的第八届欧洲共产主义青年团组织会议，英共共青团派出代表出席会议，讨论了如何继续采取策略反对资本主义。2011年10月，南非共产党召开了关于帝国主义的国际研讨会，英国共产党在会上发表了对新帝国主义的论述。

除参加国际会议外，英国共产党组织还积极加强与其他国家共产党的联系。如英共代表团1997年曾访问中国，此后《晨星报》连续大篇幅报道中国的改革开放和发生的巨大变化。2009年，英共总书记格里菲斯在接受中央电视台驻英国记者的采访时指出："英国共产党和中国共产党一样，都以马克思列宁主义作为党的理论基础，但不是照搬马克思、恩格斯和列宁的语录。各国共产党特别是执政党都面对着许多实际问题，如何解决这些问题，在马列著作中是找不到现成答案的，必须从本国的实际情况出发制定切实可行的方针政策。中国共产党根据中国的实际情况，提出了改革开放和建立社会主义市场经济体制的方针政策，使中国的经济得到了迅速发展，人民生活得到了很大的改善，并保证了中国的现代化建设不受外来干涉、特别是帝国主义的干涉，我们对此深表钦佩。"[①] 此后，英共也多次表示支持中国走社会主义道路，赞赏中国共产党带领中国人民在革命和建设中取得的伟大成就，

---

① 《这里悬挂着五星红旗——访英国共产党总部和英共总书记》（http://www.cctv.com/news/world/20010629/506.html）。

并愿进一步加强同中国共产党的友好交流。

2008年,大不列颠共产党(马列主义)在西方媒体歪曲和抨击中国时,利用旗下《无产者报》和《挑战》杂志,连续刊登评论文章,向英国公众介绍真相,同时揭穿西方媒体的丑恶作为。四川地震后,大不列颠共产党(马列主义)又刊文为中国政府的紧急救援措施喝彩加油。

2009年12月,英国新共产党召开的第十六次会议表示全力支持朝鲜人民的正义事业。

2009年,在古巴革命胜利50周年之际,英共高度评价了古巴在美国的封锁孤立政策以及恶劣的国际环境下所取得的社会主义建设事业的伟大成就,坚定支持社会主义的古巴,要求加强与反帝国主义的、进步的、社会主义国家的团结。

2017年12月1—3日,英国共产党总书记罗伯特·格里菲斯和国际秘书约翰·福斯特参加了在北京召开的由中共中央对外联络部主办的中国共产党与世界政党高层对话会。格里菲斯赞扬了中国所取得的巨大成就,指出这种成就的取得是以经济关键部门的规划和公有制为基础的,只有这样才能保证新技术的好处被工人和普通人分享。他还指出,中国是和平与合作的声音和力量,中国愿意与其他国家推进互利项目,这有助于它们在不受西方垄断资本支配的情况下独立发展。①

---

① "Britain's Communist Take Part in 'High–Level' Meeting of World's Parties in Beijing", https://www.communist–party.org.uk/.

第四章　苏东剧变以来英国工党的转型与发展

冷战后，面对新的国内和国际形势，英国工党为改变自己在竞选中的不利地位，打出了"新工党，新英国"的旗号，对工党进行了变革，使其自1997年至2010年连续执政。这是工党连续执政时间最长的一次。

第一节　"新工党"与"第三条道路"

自1979年后，英国工党在大选中屡次败北。面对这一局面，工党一直在探索如何摆脱困境、重新崛起。1987年大选后，金诺克发起了"政策反省运动"，对党的传统政策进行反思。冷战结束后，约翰·史密斯以及布莱尔继续对工党进行改革，尤其是布莱尔任工党领袖后，以"第三条道路"为政治理念和行动纲领，对工党进行了全方位的改造。

一　冷战后工党转型的背景

冷战后尤其是布莱尔任工党领袖后，之所以对工党进行大幅度改革和转型，既有国内的因素，也有国际的因素。

1. 苏东剧变使民主社会主义受到冲击

苏东剧变改变了资本主义和社会主义的力量对比，使世界社会主义运动陷入低潮。西方掀起反共反社会主义的浪潮，资产阶级右翼思想家推出了一大批反社会主义的著作如《历史的终结与最后的人》《大失败——二十世纪共产主义的兴亡》《1999 不战而胜》等。福山更是指出，人类社会的发展史，就是一部以自由民主制度为方向的人类普遍史，而自由民主制度也许是人类意识形态发展的终点和人类最后一种统治形式。在这种情形下，不仅以科学社会主义为理论基础的各国共产党深受影响，日益边缘化，就连奉行民主社会主义的社会民主党也受到冲击。保守主义和自由主义都异口同声地宣称，"一切类型的社会主义"模式和类型，包括民主社会主义都已经无可挽回地失败了，如拉尔夫·达伦多夫提出的，"我们可以确切无疑地说，社会主义已经死亡了。在这个从斯大林主义和勃列日涅夫主义的双重梦魇中醒来的世界上，社会主义的任何变种都无法存活下去了"①。在这一背景下，1992 年 9 月召开的社会党国际第十九次代表大会把"民主社会主义"改回到"社会民主主义"。

2. 经济全球化对传统的政治经济生活提出了挑战

20 世纪 80 年代以来，经济全球化迅猛发展，各国间的经济联系和竞争日益增强，这不仅为发达国家垄断资本的扩张带来了机遇，同时也带来了许多新问题和新挑战。一方面，市场的作用日益凸显，国家对经济活动的支配能力有所削弱，民族国家的权威受到挑战，因此，为更好地应对这种变化，国家必然要对其经济职能进行调整，处理好政府与市场的关系。另一方面，全球化带来的一些问题如移民问题、环境问题、国际范围内的贫富分化加剧等，都需要国际间的合作才能解决。面对这种状况，吉登斯等人认为，全球化总体上是一种求同存异的思维模式。它要求人们在互相有利的前提下加强彼此之间的交往与合作。在这种思维模式下，再简单地采用传统的左与右的两极对立的思维模式来处理国家和国际事务已不合适，超越左与右的对立，就成为必要的了。

---

① ［英］唐·萨松：《欧洲社会主义百年史》（下），姜辉、庞晓明译，社会科学文献出版社 2008 年版，第 741 页。

3. 英国社会阶级结构的变化削弱了工党的传统社会基础

20世纪70年代以来,英国产业结构发生显著改变,制造业萎缩,第三产业的比重日益增长,从业人数日益增长。根据2006年公布的《英国社会潮流调查》,1978—2005年间,英国服务业从业人数从1480万上升到2150万,增加了45%;同期制造业的工作机会从690万减少至320万,下降了54%。① 与产业结构变化相对应的是,一方面,社会阶层结构发生了变化。1968—1995年,英国就业人员中的经理和行政主管、专业人员、职员和技术工人的人数比重都有增加的趋势,而半技术工人和非技术工人则有人数比重下降的趋势。如果以专业人员、职员和技术工人作为中产阶级,那么他们在就业人员中的人数比重从1968年的61.5%上升到1986年的66.2%,而如果把专业人员、职员、经理和主管等非体力劳动者都作为中产阶级,那么中产阶级的人数比重从1968年的33.5%上升到1997年的65%左右。另一方面,工会会员的比例明显下降。1979年工会会员还占就业人员的53%,1989年下降到34%,到1996年只占28%左右了。② 这两方面的变化都削弱了工党的传统社会阶级基础。

4. 工党连续的大选失利要求其作出改变与调整

自1979年代表保守党的撒切尔夫人上台执政以来,工党在连续几次的大选中均宣告失利,一直无缘问鼎政权。到1997年布莱尔上台之前,英国工党在野已长达18年之久。公众普遍认为,工党连续失利的重要原因之一在于其政策不适应形势的发展和选民的要求。为改变这种状况,工党一直在试图作出改变与调整。如金诺克就指出,社会变迁已经削弱了工党核心支持群体的规模,社会个人主义化也加剧了核心群体内部的分化,单纯依靠传统但已逐渐分化的工人阶级和少数群体的支持不足以赢得多数,工党

---

① [英]马丁·史密斯:《新工党的阶级理论评析——英国工人阶级状况》,《国外理论动态》2007年第12期。

② 李培林:《当今英国社会阶级阶层结构的变化》,《国际经济评论》1998年第6期。

必须吸纳更广泛的中间阶层，以增强选举吸引力。①

5. 国内社会政治结构的变化呼唤着新的思维和行动

在新自由主义的推动下，英国资本的力量得到了加强，劳工力量的集体谈判能力和国家的管制能力受到了巨大的削弱。在全球竞争压力增大和人员自由流动的情况下，福利制度的改革成了资本的要求。对于英国的政党来说，如何解决好这一问题，既平衡各方面的利益，又能维持社会的稳定和经济的平稳发展，就需要对施政思路进行调整。另外，从20世纪60年代以来，西方政治生活中的认同政治趋势越来越突出，包括绿党、女权主义、新时代等诸多奉行新的价值取向的运动在内的新社会运动大有与正统政治分庭抗争之势，传统的左/右两分法政治判断标准无法把这些运动涵盖进去，加以制度化。这些运动不仅冲击了传统政治生活的公众基础，使政治生活更加个人化，传统的共同体意识淡漠甚至丧失，而且也对传统的政党政治提出了挑战，使得许多选民厌倦了乏味的传统政治，导致选举投票率的下降和政治冷淡意识的增长。随着现代政治的发展而完善起来的政党必须调整自己的理论和策略来唤起公众对自己的兴趣和支持。②

正是在这种背景下，工党开始了全面的改革与转型。1994年，伦敦经济学院院长安东尼·吉登斯出版了《超越左与右：激进政治的未来》一书，认为在经济—社会—文化全方位的全球化日益彰显的今天，所谓"激进"与"保守"、左翼与右翼的划分已经模糊，有时甚至换位。传统的左翼，不管其以苏东式的经济—政治形式还是以北欧—西欧的福利国家形式，由于取消或忽略了市场的作用，在这个日益全球化的信息网络时代已不合时宜。在书中，吉登斯从"全球化"和"现代性"概念出发指出激进政治即中左政治的未来。可以说，这本书为布莱尔的"第三条道路"提供了

---

① 王燕：《金诺克改革与英国新工党》，《当代世界社会主义问题》2004年第2期。
② 杨雪冬、薛晓源主编：《"第三条道路"与新的理论》，社会科学文献出版社2000年版，第5页。

思想方法和直接的理论动因,标志着英国工党理论的整体转型。1995年起,布莱尔开始在公开场合使用"第三条道路"来描述自己的政治哲学。1997年工党在大选中获胜后,"第三条道路"成为新政府的口号。1998年5月和9月,吉登斯和布莱尔分别出版了《第三条道路:社会民主主义的复兴》和《第三条道路:新世纪的新政治》,进一步详细阐发了工党的新思路和执政思想。

二 对工党目标的重新定位

工党最初是由工会和一些社会主义团体所组建的,在1918年通过的党章中,明确提出了"公有制"条款,表明其是代表工人阶级利益的左翼政党。而冷战后工党的转型首先就是要对工党的社会主义基础以及工党本身重新定位,将工党塑造为一个中左政党。因而,对党章第四条的修订就成为工党转型的必然。

事实上,在第二次世界大战后,盖茨克尔就曾提出过修改党章第四条的建议,然而由于工党左翼的反对,这一建议当时并未通过。

金诺克成为工党领袖后,认为通过传统的国有化改造扩大公有制已经不切实际。1986年7月,工党发表了《社会所有制——1990年代的设想》,提出了超越传统国有化模式的"社会所有制"构想。[①] 1988年3月,工党发表了《民主社会主义目标与价值的声明》(Statement of Democratic Socialist Aims and Values),对工党的目标做了不同于党章第四条的论述,认为"我们为之奋斗的明确目标是经济中的大部分是社会所有制",其主旨是通过扩大每个人的权力,防止社会和经济权力集中在少数人或机构手中。1989年的"政策反省"文件《迎接挑战,实行转变》(Meet the Challenge, Make the Change)虽然没有建议废止党章第四条,但却正式放弃将公有制作为工党政策和社会主义战略的一种主要工具,宣称"未

---

① 李华锋:《英国工党政坛沉浮与主导思想的关系研究》,中国社会科学出版社2013年版,第185页。

来的工党政府将积极推进广泛的社会所有制"，而这个社会所有制"不是指国家所有制或公共所有制，而是通过建立工业民主赋予工人们更多的权利"①。可以说，金诺克的这种改革为布莱尔修改党章第四条以及工党重新确立主流意识形态打下了坚实的基础。

布莱尔上台后，在超越左与右的"第三条道路"的指引下，必然要对代表左翼思想与主张的公有制条款进行修订，改变工党激进的形象。他认为，修改党章第四条是经济和社会变化的要求，同时也能避免工党政策被公众误解或被保守党歪曲解释。在他看来，党章第四条在三个方面存在问题：第一，对公有制的范围没有界定，只强调公有制，没有提到混合经济；第二，目标太遥远，没有一个政府能够实现这一理想；第三，公有制既是目的又是手段，而不只是作为一个手段来对待，故而，原第四条已不能与现代人的价值追求和经济目标相吻合。② 布莱尔甚至认为，"工党党章中无选择地主张实行国有化是愚蠢的。事实上，工党已不再相信它，况且10年来也未曾承诺要真正的扩大国有化"③。

1994年10月的工党年会上，布莱尔打出"新工党，新英国"的旗号，宣称工党需要一部现代的党章，正式提出修改党章第四条的动议。但在工党左翼和工会的反对下，修改第四条的动议以9%的票数之差被否决。面对左翼的抵制，布莱尔依靠党内右翼力量继续坚持调整的主张，并亲自起草了"新第四条"。1994年12月，工党执委会同意在1995年4月召开一次专门会议，对修改党章第四条进行表决。1995年3月13日，工党执委会通过了由布莱尔主笔的新第四条。1995年4月29日，表决"新第四条"的工党特别会议在威斯敏斯特的卫理工会中心大厅举行，90%的选区工党选票和54.6%的工会选票投了赞成票，最终新第四条获得65%

---

① 胡淑慧：《金诺克与工党重建（1983—1992）》，华东师范大学2004年博士学位论文，第67页。
② 刘成：《英国工党公有制思想与政策的演变》，《南京大学学报》（哲学·人文科学·社会科学）2002年第5期。
③ 刘建飞：《布莱尔——英国新首相与工党》，当代世界出版社1997年版，第287页。

的赞成票被大会通过。

　　修改后的党章第四条对工党的目标与价值作出了如下规定："工党是一个民主社会主义的党。它相信依靠共同努力的力量，能够达到比个人所能达到的更多的成就，从而为我们每一个人创造实现真正潜力的手段，为我们全体人民创造这样一个社会，权力、财富和机会掌握在多数人而不是少数人手中；我们享有的权利反映着我们应承担的责任，我们以团结、包容和尊重的精神自由地生活在一起。"在第四条第二款中，指出为实现上述目标工党的工作方向是："（一）服务于公共利益的富有生机的经济。在这种经济中，市场化企业及所带来的激烈竞争与伙伴关系及合作的力量相辅相成，从而创造国民所需要的财富以及全体人民的工作，发达的私营部门和高质量的公共服务共存共荣，所有从事公益事业的部门或者为公众所有，或者对公众负责。（二）公正的社会。……（三）开放的民主制。……（四）健康的环境。……"①

　　第四条的修改表明工党已不再以实现公有制作为党的指导思想和目标，也表明了工党对社会主义的重新认识和定义。正如布莱尔所指出的，"社会主义不是限定在某一时期的某种固定不变的经济理论，而是适用于任何时期的价值观和原则"，"党重建意识形态基础是通过修订第4条款的方式进行的。党清楚地指出我们从政是为了追求特定的价值观念，而不是为了实施一种经济教条。自从共产主义垮台以后，社会主义的道德基础是唯一经受住了时间考验的东西。这种社会主义是基于一种道德上的判断，即人与人之间是相互依赖的，他们对自己也对彼此负有义务，良好的社会支持该社会中个人所作的努力，共同的人性要求每一个人都有一块立足之地。它还有一个客观的基础，其根源是相信只有承认人们的相互依赖，个人才会有所作为，因为只有大家都好个人才能好。这一社会主义的概念需要一种政治形式，以此我们共同承担

----

　　① 吕楠主编：《世界主要政党规章制度文献——英国》，中央编译出版社2015年版，第370—371页。

责任，即向贫穷、偏见和失业开战，以创造条件真正建设一个国家：容忍、公平、富有创业精神和包容能力。这基本上是亚特力倡导的社会主义，也是我理想中的社会主义。一旦如此定义社会主义——如社会之主义——我们就能从历史中解放出来而不是被其束缚。"① 然而，失去了公有制基础的"社会主义"定义，实际上表明工党已经在理论上完全认可接受了现存的资本主义制度。

三 工党的"现代化"变革

在"第三条道路"理论指导下，工党力争把党建设成为一个以共同价值观而非只以"阶级"为基础的支持者的群体。其关注目标由主要追求劳资经济平等、阶级平等等转向与个人因素相关的一切不平等，例如年龄、性别、文化水平、生活环境和国别等。与此相适应，工党对其与工会的关系、工党的组织和决策机制、竞选策略等都进行了改革，使工党进一步走向"现代化"。

1. 削弱工会对党的影响

削弱工会在党内的影响力，特别是其对党内选举的控制，是工党塑造"新工党"的重要举措。作为一个由工会和社会主义团体所成立的政党，工党自成立之日起就与工会有密切的关系，工会在党的选举、决策等程序上都起着至关重要的作用。但"随着群众性工运活动的消失，人们不再大量参加工会和党的会议，党的机器变成了一个空壳，成为派系斗争和分割主义的牺牲品。它看起来民主，其实不然。主要的民主联系应该是政党和它所寻求代表的人民之间的联系，可这消失了"②。因此，为了推进工党的现代化，塑造一个新工党，必须要对工党与工会的关系进行调整与变革。

改革首先是要降低工会选票的比例。1990 年，工党年会通过

---

① ［英］托尼·布莱尔：《新英国——我对一个年轻国家的展望》，曹振寰等译，世界知识出版社 1998 年版，第 39、24—25 页。

② 同上书，第 13 页。

了由执委会提出的建议，将工会的投票权从 90% 减少到 70%，1995 年进一步减少至 50%。1993 年的工党年会废除了工会的集体投票制度（trade union block vote），实现了"一人一票制"（one member one vote），同时将工会在选举团的比例由 1981 年的 40% 减少到 1/3，与选区党、议会党团所占比例相同。通过降低工会选票的比例，工会对工党决策的影响被大大削弱了。在过去，"一个大工会通过一项政策后，大家想当然地认为工党一定会照搬。要求一经提出，工党就会对此作出反应并讨论该事"，而在改革后，"工会的意见当然应该被听取，雇主们的意见也一样。但无论哪一方都不能左右工党及其政策。我们力图代表整个国家来进行治理"。①

其次是限制年会的作用。年会是工党的最高权力机构，也是附属工会最有权力的机构、不易为党的领袖控制的机构。为减少工会通过年会对政府政策造成掣肘的机会，布莱尔于 1997 年对年会进行了改革，主要措施包括：提高年会的工作效率，将年会作出决策的时间由 5 天减为 2 天；取消年会对工党政府的表现作出判断的资格和讨论重大政策问题的权力，规定年会的主要任务是对两三个问题做深入的探讨，为政府提出长远选择方案；要求内阁大臣在向年会代表们作介绍时，要在没有新闻媒介参加的非正式的秘密会议上进行，而且只作简要介绍。② 同年，布莱尔又推出了权力伙伴计划，年会在党的决策程序中的作用大大降低。

再次是疏远与工会的关系。1995 年，布莱尔以工党领袖身份出席"英国企业家联盟"年会，表示工党也是实业界的政党，其上台不会损害企业主的利益。1995 年铁路工会组织了罢工活动，工党也未给予任何形式的支持。1997 年，工党在大会宣言中对工

---

① ［英］托尼·布莱尔：《新英国——我对一个年轻国家的展望》，曹振寰等译，世界知识出版社 1998 年版，第 160 页。

② 刘建飞：《布莱尔：英国新首相与工党》，当代世界出版社 1997 年版，第 291—292 页。

业关系的承诺并没有与职工大会协商。

最后是拓展收入来源,降低工会投入在工党中央总收入中的比重。采取的手段主要有大量接受个人和公司捐款,提高党费标准。在党费方面,工党分别于1989年、1993年、1999年和2002年将个人党费提高至10英镑、15英镑、17.5英镑和18.5英镑。在接受赞助和捐款方面,工党从1995年起开始接受和争取来自企业界的赞助。1997年大选后,工党又建立了"高价值捐赠单位"和"工党1000俱乐部",争取社会各界和个人对工党提供大宗捐款。在布莱尔的努力下,1996年、1997年和2002年,工会投入在工党中央总收入中的比重分别降为50%、40%和30%,①实现了工党收入由工会投入为主向以个人党费和社会赞助为主的转变。随着对工会经济依赖程度的降低,自1995年起,工党决定结束近百年的工会直接赞助工党议员的历史,从1997年开始当选的工党议员没有一个是在工会的赞助下当选的。②

通过上述调整,工会与工党的关系发生了重大变化。工党传统意义上的"工会党"特征日渐模糊,其传统的阶级色彩和意识形态也逐渐淡化,全民党的特征开始凸显,由一个工人阶级的政党向一个结构多元、以作为其传统的支持核心的工人阶级加上新的中间阶级的联盟为基础的政党发展。③由此,工党在政治光谱上也由左翼政党转变为中左翼政党。

2. 政策决策机制——权力伙伴计划

1997年,布莱尔在工党代表大会上推出了新的政策决策程序——权力伙伴计划(Partnership into Power, PIP),以改变过去那种党的大部分决策由年会及执委会来决定的状况。他认为,工党过去的决策机制会使权力垄断在少数人手中,不能充分表达基层

---

① 张迎红:《英国工党组织体系的现代化》,《当代世界社会主义问题》2002年第3期。
② 李华峰:《英国工党政坛沉浮与主导思想的关系研究》,中国社会科学出版社2013年版,第201页。
③ 林德山:《英国新工党的现代化改革简析》,《欧洲研究》2006年第2期。

党员的意志。

在新的权力伙伴计划下，年会主要起咨询和研讨的作用，在党的决策程序中的作用大大降低。党的决策主要由联合政策委员会（Joint Policy Commtittee）、全国政策论坛（National Policy Forum）和8个具体的政策委员会进行。其中，联合政策委员会是指导小组，指导全国政策论坛的执行，主席为首相，成员包括政府部长、全国政策委员会成员和全国政策论坛成员。全国政策论坛是主要的决策机构，由183个党的所有有关集团的代表组成，其中，工会代表仅有30个名额，不到代表总数的1/6。全国政策论坛一年开两次会，对工党的重要事项作出决策。在全国论坛下有8个具体的政策委员会，负责准备有关医疗卫生、经济和犯罪等相关议题的报告。

在这种决策机制下，对于重大问题，先是交全党讨论，地方选区党和普通党员可以充分表达自己的意见，工党之外的其他力量也可以参与。在此基础上形成决策意见，然后在党内进一步讨论，形成最后的政策。因此，工党官方认为，这种机制使得党更为民主，党的成员都能参与到决策过程中。在旧机制下，地方党在年会上最多只有三分钟的时间来为其争取的事情辩护，而在新的机制中，则可以有更充分的时间向政策委员会提出意见。同时，新机制要求外围专家如商人和学者，包括那些并不支持工党的人参加一些代表团，也使工党决策能与现实更好地结合，反映社会总体的意见。

实际上，这种决策机制进一步加强了工党领袖对政策决策的控制，因为党领导有效地控制了与权力伙伴相关的决策机构。领导层控制了负责运作政策论坛的联合政策委员会，在具体的政策委员会中，与政府更为接近的人占有明显的优势。

3. 党员结构的多样化

工党成立后至1918年以前只吸收集体党员，不吸收个人党员。1918年工党开始吸收个人党员，但当时并未把个人作为党的事业的基本单位，因而，个人党员虽然不断发展，但在数量上与集体党员的数量远远无法相比。20世纪90年代以来,工党通过两个途径加快了发展个人党员的步伐,一是鼓励大量的集体党员通过手续重新成为个人党员;二是从社会上大量吸收个人党员,通过电视呼吁或全国性报纸的政党广告等,动员社会成员尤其是年轻人加入工党。社会成员只要认同工党的基本党纲,能按时缴纳党费,言行不严重违反工党党章的规定,那么经过选区党组织或中央党部的登记手续,就可以成为工党的个人党员。在工党的努力下,1997年大选之后,个人党员人数增长了40%。

除注重吸纳个人党员外,为适应20世纪中后期以来女性广泛参与社会生活的要求,工党把女性作为一支重要力量来争取,将提高妇女参政地位作为一项重要的战略任务,因此规定在全国执行委员会中必须保留一定数量的女性代表。到20世纪90年代末,妇女成员已占工党全国执委会的48%。在1997年的大选中,女性议员人数大幅增加,有102位候选人当选,占工党议员数的24%。[1]

4. 竞选战略

1996年工党向全党发出咨询文件《通往宣言之路》("Road to the Manifesto"),布莱尔在介绍该文件时宣布,新工党的方式是建立在利益相关基础上的,而不是在旧式的老板与工人之间的战争状态基础上的。[2] 在新工党日益模糊其社会主义价值观的背景下,其选举战略也相应改变,并不着力宣称自己的政策与保守党有多大的不同,而是着力突出自己明确的"承诺"。布莱尔在介绍1997年竞选纲领时指出,"我们的指导原则是不承诺我们不能提供的东西,而是提供我们承诺的东西。"[3] 如1997年大选竞选纲领中承诺:削减学校班级规模,快速惩罚年轻的犯罪者,削减国家公共

---

[1] 顾俊礼:《欧洲政党执政经验研究》,经济管理出版社2005年版,第93—94页。

[2] 裘援平、柴尚金、林德山:《当代社会民主主义与"第三条道路"》,当代世界出版社2004年版,第181—182页。

[3] Martin Powell ed., *New Labour, New Welfare State? The "Third Way" in British Social Policy*, The Policy Press, 1999, p.295.

医疗卫生服务的等待时间,使 25 万个 16—25 岁的年轻失业者就业,保持低通货膨胀,支持最低工资,在 1998 年 1 月 1 日前签署《欧洲社会宪章》,等等。

除竞选纲领的转变外,新工党在竞选方式上也做了改变,主要表现在三个方面:第一,越来越依靠媒体政治,靠公关策划、媒体亮相取悦选民。竞争的策略越来越浅化,已经很难看到过去政治家那种深邃的吸引选民的演讲,当今的政党领袖更多地靠作秀来宣传自己,宣传政党。第二,民意测验在工党政策制定中的作用越来越大,追踪民意测验、操控民意测验成了工党重要的工作,职业竞选班子、媒体和技术专家、民意调查人以及资金筹集者成了工党阵营的主要力量。第三,工党已经从过去靠基层组织活动,靠党的印刷品吸引选民、凝聚党员的方式向依靠网络组织活动转变。布莱尔和其他工党领袖都成了网络专家。①

四　国内政策的改革

面对全球化时代带来的经济社会变革,工党除对自身的定位、机制等进行调整,塑造一个新工党外,还对其国内经济社会政策等进行变革,以期在经济全球化和技术急剧变革的世界中保持英国的经济繁荣,为国民提供一个稳定的社会。对此,布莱尔提出了其政策的四个基本原则:(1) 在经济方面,要重新认识政府的角色,摆脱过去旧工党的社团主义和过分干预主义,突出政府在促进教育、技能、技术进步、小企业及企业家精神等方面的作用;(2) 在社会政策方面,要适应现代社会人们的观念变化,强调权利与责任的平衡以建立有效的社会机制,强调企业创业精神与正义的共存以避免社会的分裂;(3) 建立一个积极的社会,重新界定政府的职能,在私有与公共事业之间建立一种伙伴关系;(4) 确立一种既适用于国

---

① 王凤鸣:《"新工党"新在何处?》,《当代世界与社会主义》2002 年第 5 期。

家，也适用于国际社会的共同信念。① 20世纪90年代后期以来，新工党也基本是按上述原则来制定其国内外政策的。

1. 重塑国家与市场的关系

工党从创立初期开始，就把国有化既看作是促使经济发展的改良措施，又看作是实现其"社会主义目标"的重要手段，甚至把它当作社会主义目的本身。② 基于此，工党在第二次世界大战后执政期间掀起了两次国有化高潮。1945—1951年间的第一次国有化运动，使英国国有企业在整个工业部门中的比重达20％，20世纪70年代的第二次国有化高潮则将国有化的范围从基础设施工业发展到部分制造业（如船舶制造）和新技术部门。然而，随着英国在国际市场上竞争力的衰退以及工党在大选中连连失利，工党开始重新审视和反思国有化政策。20世纪80年代戴维·米勒等提出了"市场社会主义"概念。20世纪90年代，随着党章第四条的修改，工党开始重塑国家与市场的关系，对经济政策进行调整，摒弃无条件主张国有化的观点，主张公有部门和私营部门之间建立合作伙伴关系，改变国家干预过度的情况，强调放松对市场的管制，充分发挥市场的作用。

新工党摒弃了对市场的偏见，认识到市场是一种特定的经济组织方式。在新工党看来，将国家和市场对立起来的做法是错误的。传统的对市场的过分管制，限制了经济活力和人的自由。伦敦经济学院经济学家埃斯特林和温特就指出："在一个希望采纳社会主义目标的复杂的工业社会中，市场应成为交易机制的主导形式。它们与其他制度在一起，能够以令人满意的方式为一个经济制度配置资源提供信息和刺激。"③ 安东尼·吉登斯也指出：

---

① "Revealed: The Way They Want to Go…or What Tony and Bill Said to Ger and Wim", *New Statesman*, 24 May 1999.
② 余文烈、吕薇洲：《英国工党的市场社会主义模式》，《世界经济与政治》1998年第7期。
③ [英]索尔·埃斯特林、尤里安·勒·格兰德编：《市场社会主义》，邓正来、徐泽荣等译，经济日报出版社1993年版，第107页。

"一个社会如果允许市场向其他制度中过分渗透,就会导致公共生活的失败。而一个社会若为市场提供的空间不足,则不能推动经济繁荣。"①

正是在这种思想的指导下,工党开始推行市场社会主义模式,纠正了过去片面强调社会公正与计划干预、忽视经济效益和市场作用的指导思想,放弃坚持了70多年的国有化目标,主张在目前的经济发展水平上,通过市场来实现社会主义的目标。在此基础上,工党提出要在分析市场机制的前提下制定自己的经济政策,要求在"市场作用奏效的领域靠市场,市场作用失效的领域靠政府"这一原则指导下,建立充满活力的私有经济辅之以高质量的公有服务业的经济体系②,从而在公共部门和私人部门之间建立一种协作机制,在最大限度地利用市场动力机制的同时,把公共利益作为一项重要因素加以考虑。

工党所推行的市场社会主义力图对国家重新定位,使其在新的混合经济中找到合适的位置。这里所说的新混合经济并不同于过去的混合经济,按照吉登斯的说法,新混合经济与之前的最大区别不是实现国有企业和私有企业之间的平衡,而是实现管制和解除管制、经济生活和非经济生活之间的平衡。在新混合经济中,国家的职能主要体现在以下几个方面:(1)当垄断威胁到竞争时,保持经济竞争。有管制的竞争通常是市场力量自由发挥的基础。(2)控制自然垄断。(3)建立和维护市场的制度基础。(4)保护公共的、政治的或者文化的产品免受市场的冲击。(5)利用市场实现中长期目标。(6)在宏观和微观层面上减小市场波动。(7)保护工人的健康和合同关系。(8)应付灾难和处理灾难后果。③

---

① [英]安东尼·吉登斯:《第三条道路及其批评》,孙相东译,中共中央党校出版社2002年版,第52页。

② 余文烈、吕薇洲:《英国工党的市场社会主义模式》,《世界经济与政治》1998年第7期。

③ 杨雪冬、薛晓源主编:《"第三条道路"与新的理论》,社会科学文献出版社2000年版,第15页。

2. 以积极福利政策为核心的福利制度改革

第二次世界大战后，在工党的大力推动下，英国完成了福利国家建设。然而20世纪七八十年代的经济滞胀导致高福利难以为继。新自由主义者更是指出，为了"结果均等"而实行的社会福利政策不仅妨碍了人们的自由，而且导致了经济上的低效率，弱化了人们工作的积极性。因此，他们强调"机会均等"，认为这才是保障个人自由的重要条件，主张要把福利制度减小到保障网络的程度。

"第三条道路"认为，新自由主义对福利制度的某些批评具有合理性。过去福利的对象只是穷人，其体现是直接提供经济扶持，并通过财富的再分配方式来实现，这是一种消极的福利方式，也会造成人们对国家的依赖性。因此，"福利处方往往只是次级的选择，或者可以说它导致了道德公害（moral hazard）的情势。……与其说是某种形式的福利供给创造了依赖性的文化氛围，倒不如说是人们理性地利用了福利制度为他们提供的机会。必然，本来是用来解决失业问题的福利救济，如果它们被人们利用、使之成为逃避劳动力市场的避风港的话，就会在事实上制造出失业"[①]。而且，福利机构的工作经常是偏离目的、官僚化的，并带来消极后果，与福利制度设计的初衷相悖。因此，需要对福利国家进行全面改革，改革的基本原则是：在可能的情况下尽量在人力资本上投资，而最好不直接提供经济资助。改革的重点是使消极福利变为积极福利，使个人和其他机构同国家一样对福利的实现和创造作出贡献。要通过改革使福利国家转向"社会投资国家"（social investment state），在风险和安全之间、个人责任和集体责任之间建立新的关系。在这种新的关系中，风险保护原则仍是其核心部分，但更要利用风险的更积极或更充满活力的一面，因为这是建立一个富有动力和创造力的社会的必由之路。

---

① ［英］安东尼·吉登斯：《第三条道路——社会民主主义的复兴》，郑戈译，北京大学出版社、生活·读书·新知三联书店2000年版，第119页。

对于福利制度应体现权利与责任的平衡,新工党曾多次强调。1996年布莱尔在访问新加坡时提出了"利权人经济"的概念,明确参与公司运作的各类人员和组织都要成为公司风险的承担者和利益的分享者,各方的利益是捆绑在一起的。此后,"第三条道路"把这一概念引入到了其理论体系中,不仅在公司治理结构上提倡这种方式,而且提倡建设"利权人型"的福利制度。在1997年工党代表大会上,布莱尔就指出:"一个合理的社会不应该以权利为基础,而应以责任为基础,即人与社会之间的相互责任。"吉登斯也明确表示,新政治理论的座右铭是"不承担责任就没有权利"①。作为基本的价值观念和道德基础,权利与责任平衡的思想贯穿在"第三条道路"的基本信条和政策主张之中,尤其成为改革福利国家各项政策的思想基础。

具体来讲,新工党对福利制度的改革主要从两个方面来进行:一是改变政府角色,强调政府的角色不是提供所有的社会保护,而是提供组织和规范。政府的任务是提高宏观经济的稳定性,发展一种鼓励人们自立而不是依赖的税收和福利政策。二是改变福利的对象和方式,由单纯的穷人受益转为普遍受益,尽可能集中在人力资本的投资方面,使劳动力获得就业技能,而不直接提供经济支持和利益。福利制度的目的是为穷人提供一种扶助而不是施舍,"对人类潜能的开发应当在最大限度上取代'事后'的再分配"②,使福利成为就业的一种可能的途径,而不是缓解措施失败后的安全网。

3. 兼顾"公正与效率",建立合作包容型的新社会关系

对于公平、公正,不同的理论有不同的侧重点和出发点。传统的社会民主主义强调通过政府干预实现社会公平,新自由主义

---

① 徐觉哉:《当代社会民主党及其"第三条道路"》,《上海社会科学院学术季刊》2001年第3期。
② [英]安东尼·吉登斯:《第三条道路——社会民主主义的复兴》,郑戈译,北京大学出版社、生活·读书·新知三联书店2000年版,第107页。

则强调机会均等。"第三条道路"认为，平等是指"包容性"，所谓的"包容性"意味着公民资格，意味着一个社会的所有成员不仅在形式上，而且在其生活的现实中所拥有的民事权利、政治权利以及相应的义务。它还意味着机会以及在公共空间的参与。

在这种平等观下，新工党强调既要为弱者说话，也要为强者说话，"我们必须为政府制定一套方案，它包括我们在强大社会和负责的公民中的信念和原则、机会均等和社会公正"①。吉登斯指出，社会公正关系重大，它应当是"第三条道路"政治的关注焦点。在他看来，当时英国的收入差距普遍拉大，英国工人中最高工资与最低工资的差距是50年来最大的，而最高层的特权也已无法遏制。如果这一趋势再继续发展，那就有可能危及共同体的生存，因此必须重新拉起"社会公正"的大旗。不过以往社会民主主义对社会公正的理解存在着严重的局限，过于强调形式上的平等，并试图通过带有平均主义色彩的福利国家来实现。现在"第三条道路"修正了这种社会公正观。他们认为，社会公正是一个复杂而可操作的社会现象，它应包括以下几层含义：（1）形式上的平等，即每个人都拥有同样的公民权力和参与管理社会的权力；（2）社会有很强的包容性，每一个人都有可能参与到社会发展中去，对社会有归属感和责任感；（3）社会应该允许一些不平等现象的存在，如收入和待遇上的不平等，因为它们有利于社会的发展，也能使社会底层的人受益，这种不平等现象与平等观并不矛盾，原因在于它们是功能性的不平等而不是目标性的不平等；（4）社会公正并不是市场行为的自然结果，而是一个政治目标；（5）一个人不管对社会有多大贡献、成功与否，其尊严都应得到公正的对待，社会必须为其提供最基本的生活保障。

但与传统民主社会主义过分强调公平不同的是，他们认为，公正与效率必须得到兼顾，但目前更需要效率。在新工党看来，公正

---

① ［英］托尼·布莱尔：《新英国——我对一个年轻国家的展望》，曹振寰等译，世界知识出版社1998年版，第32页。

与效率并不总是一对矛盾，公正有时候有助于效率的实现，效率也有助于实现公正。"第三条道路"把经济增长放在首位，这是符合西方国家现状的，因为经济增长是目前西方国家的迫切需要。因此布莱尔呼吁那些关注社会公正的人更加关注经济增长。为了提高效率，"第三条道路"放弃了传统的国家干预主义和自由放任主义的思想对立，而把两者结合起来，同时制定了再分配性的税收政策，提高以财产总额为税收计算基础的税率，降低以工资额为税收计算基础的税率，减轻中间阶层的税收负担，让富有的人交纳更多的税收来帮助贫苦大众，以此来加强社会团结。[①]

在这种公正观下，新工党对劳资关系的态度也发生了改变。布莱尔指出："劳资关系不应成为战场。绝大多数时间里，绝大多数雇员和工会为了共同的利益能和睦相处。当这种和睦被打破或利益发生冲突时，必须有一个公平，而且都认为公平的体系来解决分歧。其目的是在最广泛一致的基础上，在长期生效的劳资法内达成新的和解。"[②] 因此，新工党在1997年重新执政以来，一方面规范了工会的活动，保障了工会作为利益集团的独立性，使个人的雇佣权利与欧盟其他国家的相关规定接轨，限制了雇主对雇员的无保障、低工资的行为，扩大了社会公正；但另一方面，与20世纪70年代以前相比，工党并未恢复工会的强大权力，而是鼓励劳资双方"合作伙伴"关系的发展，提出双方建立共担风险、共享利益的关系。通过这种合作包容型关系的建立，工党力图协调资本与劳工的关系，而不是像以前一样更为注重保护工会和工人的利益。

4. 建立治理型政府，推行宪制改革

在对待国家权力上，传统的社会民主主义者主张扩大国家和政

[①] 徐觉哉：《当代社会民主党及其"第三条道路"》，《上海社会科学院学术季刊》2001年第3期。

[②] ［英］托尼·布莱尔：《新英国——我对一个年轻国家的展望》，曹振寰等译，世界知识出版社1998年版，第159页。

府的权力范围,新自由主义者则坚持国家的"守夜人"角色。"第三条道路"认为有必要将二者结合起来,超越"政府是解决问题的答案"和"政府是问题的根源"这两种观念,而使政府由管理型向治理型转变。这种转变主要体现在四个方面:一是建立政府与市民社会之间的合作互动关系,鼓励公民对政治生活的积极参与;二是改革中央与地方的关系,主要是向地方放权,使之承担起更多的职能;三是协调政府各机构之间的关系,建立整体型政府,加强政府内部各部门和机构的合作;四是实现国际和全球范围的治理。从这四个方面来看,其基础是分解国家的权力,"这种分解不仅向下而且向上,即把权力向下转移到地方和地区,向上交给跨国机构。政府不再以国家边界为活动范围"①。在吉登斯等人看来,英国的问题在于,"行政部门掌握的权力太大,而现有的责任机制则非常脆弱;议会各委员会是由下议院的人员构成的,缺乏真正的说服力;就其存在而言,上议院本身完全是民主社会中呈现出的一种时代错误"②。因此,英国不仅要建立治理型政府,更要实行宪政现代化,其目的不仅是明确政府的职能以及公民权利和义务,而且要同渗透在英国政治体制上层之中的保密文化作斗争。

在这种国家权力观下,工党开始推行宪制改革,其中最重要的是苏格兰和威尔士的权力下放、北爱尔兰问题和上院改革。

在1997年工党的竞选纲领中,工党就提出了宪制改革建议,包括苏格兰和威尔士的分权、使国内法与欧洲传统的人权融合、改革上院、信息自由和全民公决等。工党上台后,开始将这些措施付诸实施。其中,苏格兰和威尔士的权力下放是新工党宪制改革的一个重要内容。根据改革计划,尽管苏格兰和威尔士的地方议会在外交、国防、安全和经济政策等重大问题上没有决策权,

---

① 杨雪冬编写:《吉登斯论"第三条道路"》,《国外理论动态》1999年第2期。
② [英]安东尼·吉登斯:《第三条道路——社会民主主义的复兴》,郑戈译,北京大学出版社、生活·读书·新知三联书店2000年版,第78页。

不能就独立问题进行投票，不能脱离英国，但它仍拥有较大的地方事务管理权。1997年苏格兰和威尔士举行全民公决，分别成立了苏格兰议会和威尔士国民大会。1999年5月6日，苏格兰和威尔士分别进行了议会选举和国民大会选举，并出现了工党和少数党联合执政的局面。苏格兰议会设129个议席，威尔士议会设60个议席。1999年7月1日，两地议会正式开始运作。苏格兰和威尔士地方议会及其行政机构取代了以前作为内阁成员的苏格兰和威尔士事务大臣的大部分职能。苏格兰议会在内政、司法、教育、卫生、经济等地方事务上拥有立法权和行政权，还有权浮动3%的所得税。威尔士议会主要在就业、卫生、教育和环境等问题上享有决策权，但不能调整税率。苏格兰和威尔士的改革是工党推行宪制改革、实现权力下放的主要行动之一，也是英国政治史上重大的历史性变革，它极大地改变了英国传统的高度中央集权体制。

北爱尔兰一直是困扰英国历届政府的重要问题，多年来该地区暴力流血冲突不断。1997年工党重新执政后，力图通过分权寻求北爱尔兰问题的和平解决。1998年，英国就北爱尔兰问题达成政治协议，该协议赋予北爱尔兰议会广泛的行政权和立法权，建议用新的不列颠—爱尔兰协议取代盎格鲁—爱尔兰协议，并建立英—爱委员会和新的独立人权委员会。1999年11月，北爱尔兰议会推举成立由北爱尔兰多党分享权力的执行委员会——北爱尔兰自治政府。1999年12月北爱尔兰自治政府正式运作，行使除国防、外交和税收等属于中央权力之外的立法和行政权。北爱尔兰部长理事会、英爱政府间会议、英爱理事会等机制也正式启动。这是1972年英国政府对北爱尔兰实行直接统治以来，北爱尔兰首次拥有自治政府。

上院改革涉及英国现行政治制度运行机制，其目标是逐步废除英国上院议员的世袭制。工党曾提出要停止世袭爵位者进入上院，并曾承诺对上院进行直接选举。为此，工党政府成立了皇家委员会，专门负责改革事宜。1999年5月上院以压倒性多数支持将世袭贵族减少到92人。同年11月公布了在改革后上院中得以保留的世袭贵族的名单。此后，为了保持大选前的形势稳定，新工党政府有意放慢了上院改革的步伐。

五 新国际主义的外交政策改革

"第三条道路"认为，全球正在形成一种新的秩序，在这种秩序之下，世界性国家和以此为基础的世界性民主政治逐渐形成。社会民主主义者应当在这个全球化的世界上为国家找到一种新的角色定位，因为全球化所带来的全球问题已经超出了民族国家治理能力的范围，要解决这些问题，除依靠各国政府外，还要依靠各种国际组织、非政府组织、各种社会运动等非国家行为体和次国家行为体。因而，"第三条道路"提出了以"新国际主义"、"世界性国家"、"世界性政府"等为理论依据的"全球治理"的概念。所谓全球治理，是指借助于国际法的力量，确认全球伦理责任，建立一种与世界秩序的霸权观念相反的模式，它意味着国家与非国家行为体之间的合作，以及从地球到全球层次解决共同问题的新方式。之所以提出全球治理的概念，是因为在"第三条道路"主张者看来，在全球化时代，国内问题与全球治理已经在实践中紧密地联系了起来，主要表现为，在市场的波动和技术创新的动力之下，在全球层面上运作的合作性机构在数量上已经有了很大的增长。因而，全球性治理已经出现，并且全球性的公民社会也已经出现。正如吉登斯所说，"全球化进程使权力从各个国家转移到了非政治化的全球领域。但是，正像其他任何社会环境一样——或者，由于其更大的普遍重要性而更有甚者——这一新领域仍然需要规则，即权利和义务的设置：'哪里有社会，哪里就应当有法律'。"[①]

在这种观念下，工党认为应当建立世界主义的国家，模糊民

---

① ［英］安东尼·吉登斯：《第三条道路——社会民主主义的复兴》，郑戈译，北京大学出版社、生活·读书·新知三联书店2000年版，第147页。

族主义与多元主权，积极参与国际事务，推行以国际合作为基础的外交政策。据此，布莱尔提出了"新国际主义"，试图在全球范围内推行以英美为首的西方国家的民主、自由、人权等价值观念，同时建立以美英为主导的国际安全机制以及国际关系新秩序。1997年布莱尔上任后，强调新工党政府在外交方面的新使命是"重塑英国"，要改变英国沉闷守旧的形象，赋予英国自信、创新的特征。因此，新政府的外交方针是：（1）谋求英国在欧洲联盟内的领导地位，建立英美强大的"特殊关系"；（2）建立强大的防务，确保英国领土安全；（3）强调道德准则、人权和自由贸易。

在布莱尔看来，没有任何国家能在孤立的状态下完成其目标，英国利益的实现也有赖于以国际法为基础，建立有效的多边合作的体系，这也是发挥英国对世界的影响力的最好办法。他指出："在国际问题领域，我们必须保持向外看而不是做孤立主义者。经济是国际化的，环境是国际化的，犯罪也是国际化的。我们把国际接触视为解决跨国问题的逻辑方法，而不是对境内主权的一种威胁。"[①] 因此，新工党政府主张联合国应在解决全球事务中发挥重要作用。布莱尔还提出要积极支持安理会改革，认为安理会成员国应更能代表现代世界。在对欧关系上，工党政府的宗旨是：（1）将欧盟放在优先的地位上考虑，以增强英国在其中的影响力；（2）继续与法、德及其他欧盟成员国保持密切关系；（3）加强和提高欧盟的国际地位。在与美国的关系上，工党政府试图通过建立英美"特殊关系"来加强其国际地位，认为"与美国的关系一直是英国最重要的私人关系及资源，它将有助于实现我们的许多目标，尤其是在安全方面"[②]。正是基于此，在美国发动对伊战争、

---

① 陈林、林德山主编：《第三条道路：世纪之交的西方政治变革》，当代世界出版社2000年版，第27页。

② 巨英：《英国工党"第三条道路"评析——20世纪90年代以来英国工党的理论与实践》，新疆大学2005年硕士论文。

实施"新帝国主义"战略等时,英国一直赞同并追随美国。对于其他国家,工党认为也应该加强联系与对话。此外,在人权方面,"第三条道路"认为,人权必须得到尊重,人权高于主权。从人道主义出发,他国可以干预别国内政。

工党通过上述转型与变革措施,使其形象发生了很大改观。在20世纪80年代,工党留给选民的形象是传统的工人阶级政党,已没有能力组建一个强有力的政府。经过改革后,大多数人认为工党是一个温和的政党,有能力组建一个强有力的政府,此时的工党既得到英国北方选民的拥护,又获得南方选民的支持。抽样调查显示,1997年大选中,高级职员的34%、低级职员的42%、办事员的49%、下层中产阶级的40%、低级管理人员的62%、技术工人的67%、非技术工人的69%投了工党的票,与1987年、1992年大选相比,相应提高了23%、18%,23%、21%,23%、19%,24%、23%,25%、17%,19%、17%,21%、9%。①

工党所采取的经济社会政策也取得了良好效果。在劳动力市场方面,最低工资标准和求职培训计划的实施使就业率不断提高,2001年的就业比例为75%,达到欧洲的最高份额。② 2004—2005年失业率进一步下降,维持在4.7%—4.8%之间,为英国近30年来失业率最低水平。在社会保障方面,英国实现了1972年以来最低的工作家庭税收负担。在住房方面,官方统计的无家可归家庭由1997年约14万户下降到2006年约8.7万户。③ 在教育方面,更多的儿童能够享有学前教育机会。

总之,工党通过此次改革,适应了当时的形势,吸引了选民,从而在1997年至2010年间连续执政,这也是工党连续执政时间最长的一次。

---

① 刘成:《试述英国工党"第三条道路"的历史背景》,《学海》2003年第4期。
② [德]乌尔利希·梅迪奇:《吉登斯论"第三条道路"的"第二阶段"》,殷叙彝译,《当代世界与社会主义》2002年第5期。
③ Department for Cummunities and Local Government, *Homes for the Future: More Affordable, More Sustainable*, London, 2007, p. 15.

第二节　金融危机以来英国工党的变化

2008年国际金融危机及其后欧债危机的爆发不仅使欧洲国家面临着巨大的经济困境，同时使各国执政的社会民主党受到严重考验，社会民主党在不少国家的选举中败下阵来。在这种大环境下，英国工党也在2010年选举中失利，如何恢复民众对工党的信心并重新执政成为工党面临的重要问题。

一　工党2010年大选失利的原因

2010年英国大选中，工党仅获得29.1%的选票，在650个议席中也只获得258个，这是自1983年以来工党所获得的最低支持率。此次大选失利，既有欧债危机所引发的经济原因，也有工党自20世纪90年代后期以来执行"第三条道路"所导致的社会基础削弱等原因。

1. 经济状况的恶化

金融危机及欧债危机使英国的经济受到重创。金融危机之前的2007年，英国GDP增长率还维持在1%以上，但在2008年9月雷曼兄弟倒闭引发的金融海啸后，GDP增长率急剧下跌至-2%以下，英国经济面临着不利局面，金融业更是首当其冲。在危机前，英国金融监管机构信奉"轻度监管"原则，使英国银行业的资产急剧膨胀，金融资产与GDP的比率在2006年已超过200%，几乎高于所有发达国家，这也为金融业遭受重创埋下了伏笔。金融危机发生后，仅在2008年10月至2009年1月间，英国的巴克莱银行资产从174亿英镑骤降至74亿英镑，汇丰银行从956亿英镑下跌到608亿英镑，英国银行当时负债约4万英镑，相当于英国国内生产总值的2.5倍，英国面临严重的英镑危机。[①] 而作为英国五大银行

---

① 白宛玉：《2010年英国大选工党落败的经济政治原因》，《经济研究导刊》2016年第31期。

之一的皇家苏格兰银行因之前过度借贷，大肆扩张，导致其在此次危机中最先倒下，2009年1月曝出亏损高达280亿英镑，成为英国历史上业绩损失规模最大的公司。

除金融业外，实体经济也出现严重衰退，房地产、汽车制造业和零售业等纷纷陷入泥潭。与经济衰退并行的是失业率急剧上升，根据英国国家统计局的统计数据，从2007年11月到2011年11月，英国失业率从5%攀升至8.4%，失业人口从164万增加至268万，均为1997年工党政府执政以来的最高点。

为缓解国内经济衰退的状况，布朗政府推出了降息减税等方案，2008年2月和4月先后两次降息，将增值税由17.5%降至15%，同时，为避免金融体系陷入崩溃，还推出4000亿英镑的救市计划，并对苏格兰银行实施国有化等。然而，工党政府的救市举措并未取得明显成效，在降息后，英国房地产市场连续下跌5个月，呈现出1978年以来最快的下跌势头。不仅如此，在工党的经济刺激计划下，英国经济不仅没有止住下跌步伐，反而是接连6个季度呈现负增长态势，同时财政赤字和公共债务也急剧攀升。2009年12月，英国净债务已达GDP的157.3%，财政赤字达GDP的11.4%，均创下英国和平时期的历史记录。①

严重的经济危机以及工党政府所采取的措施无法取得预期效果，引发了民众对工党执政能力的质疑，致使其失去大量选票。

2. "第三条道路"导致其身份特征模糊

20世纪90年代中期以来，工党推行"第三条道路"，虽然迎合了当时的潮流，获得了长期执政的机会。然而，从"第三条道路"的理念来看，它虽然指出了传统社会民主主义和新自由主义的一些缺陷，并在此基础上提出了自己的理论，但这种理论只是在前两种道路失败的基础上提出的一种折中的道路，并未对资本主义面临的问题和困境提出根本的解决方法。斯第特·赫尔将此

---

① https://www.economicshelp.org/blog/334/uk-economy/uk-national-debt/.

比作"伟大的没有目标的行进",认为"第三条道路"选择了在每件事上都采取中庸的态度。它提倡没有对手的政治,所以其结果只能是接受世界的现状而不是试图改造它。① 正因如此,"第三条道路"不仅越来越缺乏对资本主义的批判,反而是为了迎合全球化的潮流,为了重新赢得资本的支持,社会民主主义表现出向资本利益的倾斜,更多地吸取了新自由主义的部分理念,出现了英国政治史上的第二次共识政治。这也"导致'新'的社会民主主义放弃了'古典'社会民主主义的准则——充分就业、减少不平等和加强对经济的民主管理……向更注重市场,更强调个人主义,更少采用国家集中管理经济的方式发展"②。而失去了老工党所推崇的目标后,新工党所强调的自由、公正、互助、团结等价值原则,与其他政党并没有明显的区别。在这种情况下,工党的身份特征日益模糊,选民基础也日益被削弱。

对于工党在价值理念和行动方案上与新自由主义的日益趋同,托马斯·迈尔曾指出,这是"将新自由主义的许多实质部分吸纳到社会民主主义计划中来",而所谓的"布莱尔计划,似乎是接近宏观经济学的一种新自由主义:供给边缘经济政策;在商品和资本市场中无条件接受竞争;进行福利国家改革,把就业最大化作为目标,而不是把保证就业或社会保障作为公民的权利;对可持续发展的含糊不清的承诺"。③

因此,许多学者就指出,"第三条道路"的推行使工党"失去了其'政治外衣'的同时,也摧毁了公众对它的信任。20 世纪 90 年代末在'第三条道路'和'新中间'旗帜下的社会民主党在选举中的短暂回归,是以日益被忽视的选民基础被进一步侵蚀为代

---

① Stuart Hall, "The Great Moving Now Here Show", *Marxism Today*, November/December 1998.

② [英]斯图亚特·汤普森:《社会民主主义的困境:思想意识、治理与全球化》,贺和风、朱艳圣译,重庆出版社 2008 年版,第 11 页。

③ 托马斯·迈尔:《处在十字路口的第三条道路》,《当代世界社会主义问题》2000 年第 4 期。

价的。在认为无其他路可走的错误信念之下，这种所赢得的支持是以牺牲核心价值观和专注于对功能失调的金融资本主义（它在2008年出现了事与愿违的巨大震荡）的依赖为交换的。在遭受危机打击之下，社会民主党人不仅几乎不能提供任何替代性的方案，而且被许多选民认为是这一失败模式的共同促进者。"①

3. 内部分歧和斗争削弱了工党的力量

工党内部一直存在着派系分歧和斗争。在20世纪70年代工党内部左右翼之间的斗争曾使工党的力量大大削弱，并导致了工党在大选中的失利。此后，尽管工党一直强调团结，但党内斗争仍未能完全消除。

布朗上台执政初期，面对恐怖主义、洪灾等表现出色，得到了较高的民众支持率。然而随着金融危机的爆发，经济状况的恶化导致民众对工党的支持率大幅下滑。为了扭转工党持续低迷的发展态势，一些工党议员和内阁成员密谋要推翻布朗，甚至有人公开呼吁进行重新选举，选举新的领袖来带领工党走出困境。党内的分歧导致工党面临严重困境，加之2009年的"骗补门"事件②使工党遭到了严重的信任危机，致使在2009年英格兰34个地方议会选举中，保守党获得了2362个议席中的1531个，控制了30个地方议会，工党仅获得178个议席，而且没能控制任何一个地方议会，损失惨重，这反过来又加剧了党内的争斗。2009年6月，为了促使布朗下台，工党中的4名内阁成员签署联署信，且提出辞呈，从而引发了空前的政治危机。进入2010年后，工党内部派系斗争越发严重，两名前内阁大臣联名致函工党下院议员，提议以党内投票的方式选出新的领导人。工党前秘书长更是对布朗进行

---

① ［德］扬·图罗夫斯基：《面对危机的社会民主党——重新评价西欧社会民主党的政策抉择》，李群英编译，《当代世界与社会主义》2016年第3期。

② 2009年5月，英国《每日电讯报》刊发了一则关于英国多位议员、政府高官涉嫌滥用职权、骗取大量补贴的报道，矛头直指当时的英国首相布朗，引起了全世界的注意。报道称，根据路透社提供的数据，英国646名下院议员2008年在年薪以外共获得大约9300万英镑的额外补贴。

直接的人身攻击，敦促布朗下台。面对党内的各种反对声，布朗采取了一系列措施进行应对，终于击退了党内反对者的进攻，成功捍卫了自身的领导地位。但不可否认的是，在接二连三的"政变"中，工党实力被严重削弱，支持率大幅下降。①

正是由于工党在经济政治等方面面临的这些困境，加之其主要对手——保守党表现出色，不仅及时提出应对危机的方案，而且在在野期间不断进行调整与变革，以重塑党的形象，满足选民的利益诉求，保守党最终在 2010 年赢得大选，获得 36.1% 的选票，在650 个议席中获得 306 个席位，而工党仅获得 29.1% 的选票，258个席位。

二　米利班德对工党的改革

2010 年埃德·米利班德上台后，为改变工党的困境，从政治理念、选举方式等方面进行了调整，力图重塑工党形象。

1. 支持"蓝色工党"理念

2009 年 4 月，英国社会思想家、上议院终身贵族莫里斯·格拉斯曼在工党会议上发起了"蓝色工党"讨论，并提出了"3F"（Faith、Family、Flag）的政治理念。"信仰"是对共同体理念和传统社会主义理论的坚持，"家庭"是构建新的政治模式和新的福利国家理念的基础，"旗帜"是其重塑工党、将传统与进步相结合的决心。"蓝色工党"理论力图融合地方主义、传统社会主义理论和经济的国家干预主义，以赢回传统的工人阶级选民，恢复工党在各阶级尤其是在传统工人阶级中的影响。2010 年以后，"蓝色工党"在工党内产生了巨大影响。"蓝色工党"之所以是"蓝色"，首先，是因为它代表了工党内部的保守主义力量。这一群体反对资本的无上权力，认为资本的发展逻辑是不择手段、最大化地发展自身，而使人类和自然成为市场上任意买卖的商品；认为英国

---

① 白宛玉：《2010 年英国大选工党落败的经济政治原因》，《经济研究导刊》2016 年第 31 期。

几乎所有机构都是资本控制下的最野蛮的现代化论者，几百年来资本及其机构的运行方式都没有改变，从而不断使劳工从属于资本，而工党的进步需要重新批判资本。其次，是因为它要赢回传统蓝领工人阶级选民的支持，恢复英国的工人阶级传统。"蓝色工党"的"蓝色"还意味着恢复工党激进传统中的普遍价值，使工党重构具有普遍价值的政治理念。"蓝色工党"的讨论者认为，工党要复兴并践行关系、机构、领导力、权力、行动和互助、互惠、团结的理念，组织抵抗资本的力量，复兴抵御资本权力的运动，反对金融资本，推进市场民主化。①

米利班德对"蓝色工党"理念一直持支持态度。在他看来，工党在1997—2010年间失去了500多万选民，其中有400万是工人阶级选民，这表明党在工人阶级中的影响大大下降，因而如何避免工人阶级选民的流失是工党面临的重要问题。而"蓝色工党"力图解决的首要问题就是通过这种政治理念赢回工党自1997年以来失去的这400万选民，并进一步扩大工党的影响。格拉斯曼指出："'蓝色工党'对工人阶级有丰富的感情和极大的影响，我们可以理解工人阶级的一切。我不认为新工党真正喜欢工人阶级。"②

建立"蓝色工党"的基本原则是坚持负责却不集权，放权而不放任，变革但不激进；基本路径是既要彻底摒弃传统官僚化、国家化的经济与社会模式，又要恢复和重构工党传统的普遍互助主义、合作主义精神，不让市场驾驭社会，而是让市场和政府更好地为社会服务，为易受市场冲击的中下层民众服务。③

---

① 来庆立：《革新将从"新工党"和"蓝色工党"的结合开始——英国工党对未来的政治理念和实践走向展开讨论》，《当代世界与社会主义》2012年第5期。
② Goodhart David, "Labour Can Have Its Own Coalition Too", http：//www.independent.co.uk/voices/commentators/david – goodhart – labour – can – have – its – own – coalition – too – 2246971.html.
③ 李华锋：《米利班德的"左转"计划》，《中国社会科学报》2014年7月30日。

2. 建设"全民国家政党"①

由于"第三条道路"的失败，米利班德在就任工党领袖后，就开始寻找新的执政理念定位。2012年10月，米利班德在工党年会上提出要超越"新工党"，并首次提出工党要致力于建设"全民国家政党"（One Nation Labour）的理念。"One Nation"最早是由英国前保守党首相本杰明·迪斯累利提出的，其目的是减少不平等，防止英国成为北贫南富的"两个国家"。米利班德借鉴了这一概念，但认为只有工党才能实现这一目标，因为工党代表了英国大多数人民的利益。

米利班德提出的"全民国家"包含几个方面的内容：在经济方面，要重建英国的经济，改变那种只有利于少数上层阶级的状态，使其为所有的劳动者服务。譬如要取消对百万富翁的减税政策，恢复工薪家庭的税收减免政策，推动制造业的发展，等等。在社会方面，要使社会中每个人都发挥自己的作用，相应地社会上每个人都公平地共享繁荣。对于那些有能力工作的人，政府必须采取措施帮助他们得到工作机会，这些措施包括：加强技术教育和培训，政府为失业超过两年的成年人和失业超过一年的年轻人提供工作等。在政治方面，从上至下每个社会阶层的人都要履行自己对国家的责任，这就需要改变权力和政治的运作方式，重建人民的信任和信心。为此，政治家要为全体人民服务，工党将对既得利益者开刀，使人民能够影响政府民生政策的制定。②

3. 建设负责任的资本主义

2011年9月，米利班德在工党会议上呼吁，英国需要一个负责任的资本主义，而不是一个基于掠夺性的短期投机的经济，因而他提出要建设负责任的资本主义，希望通过更多的政府干预改

---

① 英文原文为"One Nation Labour"，此翻译借鉴了杨光杰、张放在《英国联合政府与政党政治走向》（载王展鹏主编：《英国发展报告（2014~2015）》，社会科学文献出版社2015年版）一文中的译法。

② https://en.wikipedia.org/wiki/One_Nation_Labour.

变英国的经济结构，从而使英国经济不必过多依靠金融业。

米利班德认为，要建设负责任的资本主义，在实践中意味着以下几个方面：一是英国不能再像以前那样过分依赖金融服务来实现经济的增长和税收的增加。在2012年达沃斯论坛上，米利班德就指出，英国目前的经济过于依赖金融机构的虚幻利润，财富不断集中到了富人手中。负责任的资本主义必须要实现金融业和制造业的平衡，同时也要加强英国具有独特优势的其他领域的发展，如创意产业和专业服务部门。二是英国经济需要更加关注长期的生产性的财富创造，而不是掠夺性的短期投机行为，这种行为正是金融危机的根源。这就意味着要改变管理经济的一些基本规则，以激励企业的长期行为，减少短期的权宜之计。三是英国经济需要提供更好的就业机会。由于全球化和技术革命等因素，中等技能岗位比例在近年来大幅下降，必须采取措施改变这一状况。

要建设一个负责任的资本主义，米利班德认为，需要在五个关键领域采取行动：一是改革英国的金融体系。英国建立了世界上最伟大的金融中心之一，但却忽视了对企业尤其是中小企业的融资制度建设。长期以来，企业因无法获得足够的资金而难以迅速发展。英国的投资银行必须要支持中小企业，为其提供发展所需资金。二是改革英国的股票市场。一方面企业要改变急功近利的心态，追求长期效益，机构投资者也不应仅以公司的季度报告来衡量企业的发展前景，不能只追求短期回报，更要看重企业的长远发展；另一方面要对企业并购法进行修改，防止国际投资基金受短线利益的驱使并购英国企业。三是改革英国的产业政策。有效的产业政策最基本的要素是政策和监管的确定性。此外，积极的产业政策要将市场的力量和政府的能力结合在一起，还要利用政府作为英国最大的消费者这一身份来促进就业、增长和创新，更要利用税收制度来鼓励长期投资。四是改革技能培训政策。鼓励职业培训，建立一个企业、个人和社会共同承担技能培训责任的系统。五是加强市场的竞争性。在任何充满活力的经济体中，竞争都是经济成功的关键因素。但在英国的金融、能源等行业，仍然缺乏竞争，存在着强大的既得利益集团，阻碍了英国经济的发展，因此必须采取措施加强这些行业的竞争性。①

4. 改革工党领袖的选举制度

米利班德为了进一步扩大党内民主，争取更多的人关注和认可工党，对工党领袖的选举方式进行了改革。

第一，废除了选举团制度，实行彻底的一人一票制，使工党领袖的选举更能体现民意。选举团制度是工党领袖选举中使用的制度，选举团由议员、选区工党、工会及附属团体三部分组成，各部分所占比例为30∶30∶40。其中，议员部分是一人一票，选区工党部分并未予以规定，工会及附属团体部分实行的是集体投票制。从所占票额比例来看，工会及附属团体相对具有优势。20世纪80年代以来，工党开始对此进行改革。1983年开始，选区工党部分的投票采取一人一票的方式。1994年，对议员、选区工党、工会及附属团体三部分所占的票额比例进行了调整，由原来的30∶30∶40改为各占1/3，降低了工会及附属团体所占的比重，同时，废除了工会的集体投票制，改为交纳政治基金的工会会员一人一票，但选举团制度并未废除。米利班德的改革彻底废除了选举团制度，使党内的民主机制更为健全。

第二，实施"选择性加入机制"。米利班德取消了附属工会的成员自动注册成为工党党员的制度，改为"选择性加入机制"。在这一机制下，工会成员面临两种选择：一是必须选择是否愿意向工党交纳相关费用；二是必须选择是否愿意通过有选择地加入工党，进而与之建立联系，而不是像过去那样通过工会组织与工党间接联系。②选择加入工党的成员在领袖选举时只要交纳3英镑，

---

① "Building a Responsible Capitalism", https://www.ippr.org/juncture/building-a-responsible-capitalism.

② 王继停、杨柳：《当前英国工党与工会关系的重构及其影响》，《当代世界与社会主义》2015年第4期。

就拥有直接选举工党领袖的个人投票权。

第三，实施"注册支持者"（register supports）制度。在这一制度下，支持者即使不是工党的正式党员，甚至也不是工会会员，但只要在网上注册成为工党的支持者，并交纳相关的费用，就都可以参加工党领袖选举的投票。

通过上述改革，不仅使工党的社会基础得以扩大，同时也使工党领袖选举开始摆脱政治精英的控制，能够体现普通党员和支持者的真实态度，使工党向一个更开放、民主、积极的政党方向又迈进了一步。

5. 对工党与工会关系的重构

米利班德上台后，通过"选择性加入机制"以及"注册支持者"制度等进一步遏制了工会对工党决策的影响，在此基础上，他又通过调整附属工会的政治基金、对工会领导的罢工采取不同态度等方式来重构工党与工会的关系。

工会一直为工党提供政治资金，这既是工党与工会的黏合剂，也是工党在一定程度上受制于工会的根源。在2010年英国大选中，英国联合工会被曝在福尔柯克地区的补选过程中，企图用金钱购买工党党员身份的方式操纵该地区的选举，而且该地区75%以上的候选人都与英国联合工会的这一丑闻有关联。这一事件给了工党很大压力。因此，米利班德希望在财政上进一步摆脱工会的影响和控制，避免工会用金钱绑架工党，在2013年英国职工大会上提出了改革工会政治基金的观点，表示要建立一个真正根植于全体劳动人民群众的工党。在这一决定宣布后，英国总工会（GMB，也是工党的第三大附属工会）立即宣布将其对工党的捐助金额由120万英镑削减至15万英镑，这也使工党在经济上面临着巨大的挑战。

在对待工会领导的罢工行为的态度上，米利班德对工会领导的反对保守党政府采取的紧缩政策等进行的罢工采取既不支持也不反对的态度。如2011年11月30日的"世纪大罢工"影响了伦敦、曼彻斯特等英国多个城市的公共交通、铁路、医疗、学校等公共服务部门的正常运作，保守党对此进行了严厉谴责。米利班德作为工党的领袖，并未对罢工进行谴责，只是对罢工引发的严重后果进行了批评，他还认为，通过削减公共部门职员的福利和养老金改革来解决财政赤字是非常不公平的，因此不能对作出罢工决定的人进行谴责。而在2011年3月27日工会组织的50万人的罢工中，米利班德选择了支持这一行动，并在海德公园进行了主题演讲表示支持。但是，对于影响国家全局和整体运行的罢工，米利班德则采取坚决反对的态度。如2012年伦敦奥运会开幕前两周，隶属于英国联合工会的巴士司机举行大罢工，使伦敦公交巴士系统三十年来首次陷于瘫痪状态。2012年7月19日英国公共与商业服务工会宣布将在26日由数千名英国内政部职员举行为期24小时的罢工。对此，工党和保守党、自由党一样对英国工会绑架奥运会进行罢工的行为进行了谴责。米利班德表示，"对奥运会发出威胁言论是完全错误的。无论是工党，还是其他党派，都为申办伦敦奥运会付出了巨大的努力，伦敦奥运会应该是一个欢庆的时刻。"工党奥运事务大臣乔韦尔认为："劳资矛盾和冲突应当通过劳资双方在私下里谈判解决，利用奥运会举办的时机来威胁，并采取罢工等破坏行动，是非常不应该的。"①

从总体来看，在米利班德时期，工党与工会的关系日渐疏远，基本上是延续和发展了布莱尔时期对工会的态度。

三 科尔宾与工党的左转

2015年9月，工党左翼候选人杰里米·科尔宾以压倒性优势当选为英国工党领袖，被称为草根的逆袭。科尔宾当选后，提出了一系列左转的政策，但其能否领导工党真正实现左转尚无法预料。

---

① 孙永艳：《米利班德时期英国工党的工会政策研究》，聊城大学2015年硕士学位论文。

1. 科尔宾为何能逆袭当选？

2015年工党败选后，米利班德引咎辞职。参与工党领袖竞选的最初只有三名候选人，为提升工党形象，营造更加激烈的辩论气氛，工党临时决定增加一名候选人，科尔宾获得工党议员选举人36票，比章程要求的35票仅多了一票，在不被看好的情况下，最终逆袭成为工党领袖。从英国以及工党当时的情况来看，科尔宾当选既是工党左转的一种反映，也是工党选举制度改革等客观条件的作用。

第一，工党自布莱尔执政以来，长期推行"第三条道路"，尽管这一理念曾使工党连续执政十几年，但在其指导下工党所面临的不利形势也日益累积，工党希望能尽快扭转这种不利局面。党章"第四条"的修改、工党与工会的日益疏离、削减社会福利和限制公共开支，等等，这些在"第三条道路"指导下所做的改变使工党的身份特征日益模糊，与保守党等资产阶级政党的区别也日益缩小。许多党员认为，工党背离了自身的传统价值观和原则，认同工党是工人阶级政党的人数减少了一半，是中产阶级政党的人数却增加了一倍。[①] 工党的这种变化使民众感到失望，"对于那些希望工党在执政期间能够实行一种与传统的社会民主主义主张相一致的、彻底的变革的人来说，他们只看到了被白白浪费的13年。托尼·布莱尔和戈登·布朗领导下的工党政府曾经拥有千载难逢的好机会来扭转自1979年玛格丽特·撒切尔上台以来出现的社会和经济不平等，并进而重建福利国家和公共服务体系，打造一个更加平等、更加公平的社会。然而这个机会被这样一个政权浪费掉了"[②]。2010年大选失利后，埃德·米利班德战胜代表党内中间偏右力量的兄长大卫·米利班德出任工党领袖，试图超越新

[①] 吕楠：《新时期英国工党执政经验教训及启示》，《当代世界与社会主义》2012年第2期。

[②] [德]弗里德里希·艾伯特基金会编：《社会民主主义的未来》，夏庆宇译，重庆出版集团、重庆出版社2014年版，第88页。

工党的遗产，更加关注下层利益，但其温和的政策调整并未使工党出现明显的变化。而科尔宾的主张更为激进，奉行民主社会主义传统，坚决反对"第三条道路"。不仅如此，他还长期出现在伦敦的左派抗议活动中，自1997年以来，更是违反工党议会党团投票决定多达533次。① 正因如此，在科尔宾当选后，2015年9月13日的《星期日电讯报》头版头条写道："工党没死，'布莱尔主义'死了。杰雷米·科尔宾最终杀死了它。"

第二，工党选举制度的变革是科尔宾当选的重要条件。米利班德上台后，对工党领袖的选举制度进一步加以变革，废除了选举团制度，实行彻底的一人一票制。同时，"选择性加入机制"和"注册支持者"制度使工会会员及其他社会成员可以快捷地加入工党并参与选举。这些都使工党领袖选举更能体现普通党员和社会基层支持者的意愿，削弱了政治精英对选举过程的控制，议员选票与工党普通党员的选票在权重上没有区别。从科尔宾当选的情形来看，其在注册支持者中占据了明显优势。具体见表4-1、表4-2。②

表4-1　　　　　　　　2015年9月工党领袖选举结果

候选人	工党成员		注册支持者		附属团体成员		总票数（张）	总得票率（%）
	票数（张）	比例（%）	票数（张）	比例（%）	票数（张）	比例（%）		
科尔宾	121751	49.6	88449	83.8	41217	57.6	251417	59.5
伯纳姆	55698	22.7	6160	5.8	18604	26.0	80462	19.0
库伯	54470	22.2	8415	8.0	9043	12.6	71928	17.0
肯德尔	13601	5.5	2574	2.4	2682	3.8	18857	4.5

---

① Richard Swift, "Jeremy Corbyn", *New Internationalist*, November 2015.
② 表4-1和表4-2引自吴韵曦《从"科尔宾现象"看英国工党的变革与面临的挑战》，《当代世界与社会主义》2017年第2期。

表 4-2　　　　　　　2016 年 9 月工党领袖选举结果

候选人	工党成员		注册支持者		附属团体成员		总票数（张）	总得票率（%）
	票数（张）	比例（%）	票数（张）	比例（%）	票数（张）	比例（%）		
科尔宾	168216	59	84918	69.9	60075	60.2	313209	61.8
史密斯	116960	41	36599	30.1	39670	39.8	193229	38.3

第三，科尔宾的主张赢得了普通民众的支持。2010 年卡梅伦执政以来，为走出危机，一方面推行紧缩政策；另一方面对垄断企业尤其是金融垄断企业给予巨额资助，如向诺森罗克银行提供 250 亿英镑紧急援助贷款，为莱斯 TSB 银行 2600 亿英镑不良资产提供担保，为苏格兰皇家银行 3000 亿英镑的资产提供担保，等等。根据英国国家统计局 2009 年 2 月 19 日发布的资料，银行国有化将导致公共债务陡增，最高可能相当于国民生产总值的 150%，公共债务的增加势必最终转嫁到纳税人身上。① 通过这种完全服务于垄断资本利益的"劫贫济富"的国有化政策，"纳税人为无可挽回的企业亏损买单，而企业的股东与高管瓜分繁荣时期的经济利润"②。这些政策引发了大规模的抗议，大规模的罢工运动屡屡发生。相比而言，科尔宾更加注重保护普通民众的利益，具体包括：（1）在经济方面，主张对中产阶级和富人大幅征税，以补贴低产阶级；反对财政紧缩政策，主张实行量化宽松的货币政策；对铁路和能源系统实施国有化。（2）在军事方面，主张削减国防开支，退出北约，废除三叉戟核系统，反对部署潜艇，通过对话手段解决冲突。（3）在社会方面，建造公共住宅，控制房租，保证国家医疗服务体系的资金供给；取消零小时工作合同（zero-hour contract），增强工人集体协商的权利；取消大学学费；维护移民的平

---

① 许闲：《欧洲银行国有化：一把双刃剑》，《银行家》2009 年第 5 期。
② Paul Krugman, "Bailouts for Bunglers", *The New York Times*, Jan 1, 2009.

等权利等。① 这种"劫富济贫"的主张更加受到民众的欢迎。

2. 工党的左转与 2017 年大选

2017 年 4 月 18 日,保守党首相特蕾莎·梅宣布将在 6 月 8 日提前举行大选,声称这是为了更好地维护英国国家利益,因为英国需要稳定性、确定性及强大的领导力,而提前举行大选是保障英国未来几年稳定性的唯一方式。从大选结果来看,保守党仅获得 318 个议席,比选前减少 13 席,且所获议席不足半数,产生悬浮议会,最后与民主统一党合作继续执政。工党获得 262 个议席,比选前增加了 32 个议席,大大缩小了与保守党的差距。从选票来看,工党获得 1288 万张选票,比 2015 年大选增长了 9.6%,这也是自 1995 年以来工党所获得的最高增幅。

从大选情况看,工党尽管未能取胜,但比 2015 年的情况有了明显好转,而且改变了保守党独自执政的状况,产生悬浮议会。之所以能获得这一结果,不仅仅是因为保守党执政政策引发民众不满,更与科尔宾上台后工党的左转有关。

自 2010 年保守党和自由民主党组建联合政府,再到 2015 年保守党独立执政以来,为了走出危机,促进经济增长,保守党政府一方面为大企业减免税收(由 28% 降至 20%),另一方面对公共福利进行削减。其结果是,尽管英国的经济仍保持在世界前五的水平,但民众的工资却出现了负增长。在特蕾莎·梅当政期间,对公共福利的削减变本加厉,这也导致普通民众的生活越来越艰难。很多人面临失业;签订零小时工作合同的人越来越多,他们随时面临被解雇的风险;愈来愈多的人开始依靠 Food Bank(为穷人提供快要过期的免费食物的慈善机构)来生活。在这种情况下,民众对代表垄断资产阶级尤其是金融垄断资产阶级利益的保守党政府愈发不满。

而工党在科尔宾的领导下,日益远离了"第三条道路",开始

---

① Michael Wilkinson, "Why does Jeremy Corbyn Stand for? Jeremy Corbyn's Policies and Views Explained", *The Telegraph*, 24 Sep, 2015.

左转。科尔宾在参加 BBC Question Time 节目时强调指出,在保守党的统治下,英国已渐渐变成富人避税的天堂。如果工党当政,占全国人口 5% 的富人必须承担更多的社会责任,不仅会对他们增收个人所得税,而且大企业也必须要缴纳比以前更多的税收来帮助政府重建公共福利。在本次大选中,工党竞选宣言的标题就是"为了大多数人的利益"。其中,科尔宾提出要结束紧缩政策,实行 10 英镑最低工资标准,铁路再国有化,提高大企业和高收入者的税率,减免大学学费,降低移民数量,等等。① 与保守党的政策相比,科尔宾提出的施政方针更为注重社会公平,力图改变英国目前的这种不平等状况。正如英国剑桥大学政治和国际研究系教授马丁·雅克所指出的,"2017 年工党宣言则展现了完全不同的视野:更加公平的社会、对不平等现象的遏制、更有分配效率的税收制度、社会保障体系的集中化、更充足的公共服务拨款、铁路和自来水公司国有化以及以人为本的城市管理等等",并认为"这份宣言是该党自 1945 年以来最为重要也是最优秀的一份"。② 科尔宾还指出,"当工党赢得选举时,是人民而不是有权势的人获胜","工党会一直把人民放在第一位,无论是建造房屋、对经济的投资还是在公共服务方面都会如此。这些政策代表了我一直在为之奋斗的工党的价值观,它也是我们国家最自豪的传统价值观"。③ 正是由于工党的左转,其不仅吸引了工党原有的社会底层支持者,更获得了许多青年人的认可,成为工党选票的重要来源。根据统计,较之于 2015 年大选 43% 的青年投票率,本次大选有大约 72% 的 18—24 岁有资格投票的国民参与了投票。在 18—34 岁的选民中,63% 将选票投给了工党。而且本次选举工党所拿到的投票比

---

① "For the Many, Not the Few", https://labour.org.uk/manifesto.
② [英]马丁·雅克:《为何科尔宾是新时代的新领袖》(http://www.guancha.cn/MaDing-YaKe/2017_07_07_416914.shtml)。
③ Jeremy Corbyn, "Britain Needs a Government That Will Invest in People in Every Community to Build a Better Future for Every Single Person", https://labour.org.uk/people/jeremy-corbyn/.

例的涨幅是继 1945 年以来最高的一次。虽然在广大保守党传统选区没有占到很多便宜，但即使在深蓝选区（即传统保守党选区），工党的投票也有了大幅度的增加，而且工党虎口拔牙，不仅夺下了不少边缘选区，也攻下了 7 个深蓝选区，特别值得注意的有坎特伯雷（Canterbury，自 1918 年以后都是保守党选区）、巴特西（Battersea）和肯辛顿（Kensington，英国收入最多的选区，工党以 20 票优势拿下）。这说明不仅年轻一代用选票表示了对工党和科尔宾的支持，更反映了有越来越多的个人反感和不满保守党 7 年以来的紧缩政策。①

3. 工党当前面临的问题与困境

工党尽管在 2017 年大选中取得了一定进展，但并未获得上台执政的机会。而且从目前来看，工党内部对科尔宾以及其推行的左翼方针仍存在很大分歧，因此，工党还面临着许多的问题与困境。

首先，对于科尔宾及其左翼主张，工党内部分歧不断。事实上，这也是工党一直存在的问题。有学者就指出："在英国有这样一种说法，英国国内的政治斗争不是在工党与保守党之间，而是在工党内部进行的。"② 自科尔宾出任工党领袖开始，无论是媒体还是党内高层对工党都不看好，认为工党将重蹈 20 世纪 80 年代的覆辙。科尔宾上任后，许多工党重要人物都拒绝加入影子内阁。工党前任领袖金诺克、布莱尔、布朗、米利班德等人都表示出对工党的担心。布莱尔更是警告道，科尔宾将导致工党分裂。2016 年 6 月英国脱欧公投后，影子内阁大规模辞职，工党出现了其历史上第四次挑战现任领袖的情况，从而不得不重启领袖选举。尽管在 2016 年领袖选举中科尔宾再次以较高优势胜出，而且在 2017 年

---

① 《重回工人阶级政党理念，英国工党和科尔宾才力挽狂澜赢得大选》（http://www.thepaper.cn/newsDetail_forward_1708837）。

② 冉隆勃、王振华：《当代英国——政治·外交·社会·文化面面观》，中国社会科学出版社 1990 年版，第 70—71 页。

英国大选中也取得了不错的成绩，但工党内部的分歧并未因此消失，关于工党将向何种方向发展的争论仍然存在。

其次，第二次世界大战以来，英国的阶级结构发生了深刻变化。传统产业工人大幅减少，以管理人员、高级技术人员、行政人员等为代表的中间阶层迅速扩大。中间阶层选民分散，诉求多样，难以像传统产业工人那样形成强烈的阶级意识和坚定不移的选举忠诚。工党曾经为了吸引这部分选民推行"第三条道路"，从工人党转向全民党，但事实证明，这不仅使工党失去了其阶级特色，也使工党失去了许多传统工人阶级选民。现在科尔宾领导的工党希望通过左转力图追回失去的选民，但在这种情势下如何保证中间阶层的选民不流失并逐步扩大也是工党需要解决的问题。

最后，工党想要获得执政地位，仍需提出能够既保证公平又促进效率的系统性理论。保守党自2010年执政以来，在经济与社会方面取得了不错的成效。最近3年英国经济以约2%的速度增长，2017年第二季度英国失业率从4.5%降至4.4%，创40多年以来的新低，失业人口148万，较去年同期减少15.7万，就业率高达75.1%，是自有可比记录的1971年以来的最高水平。[①] 而工党尽管提出了反紧缩、提供公共福利等主张，但对于如何在提高社会公平的同时，激发民众和企业的积极性，使经济稳定持续地增长，仍需提出系统的理论主张，以显示工党具备把控经济社会全局的能力，从而吸引更多选民。

---

① 驻英国经商参处：《二季度英国失业率再创新低 但生产率继续下滑》，2017年8月17日（http://www.mofcom.gov.cn/article/i/jyjl/m/201709/20170902638908.shtml）。

第五章 苏东剧变以来英国的左翼思潮、组织与活动

作为空想社会主义的发源地，英国学者一直非常注重对社会主义的研究。第二次世界大战后，自1956年至20世纪80年代初的新左派运动中，英国涌现出一批左翼思想家，包括爱德华·汤普森、雷蒙·威廉斯、查尔斯·泰勒、汤姆·奈恩、佩里·安德森等人。苏东剧变以后，一方面由于工党开始推行"第三条道路"，另一方面全球化的迅猛发展带来了许多新问题，因而不仅引发了左翼学者对社会主义争论和研究的热潮，也使英国出现了社会主义工党等新的左翼政党。

第一节 英国左翼学者的社会主义思想

英国一直是社会主义思想的一个重要研究地区。其国内的《新左派评论》《资本与阶级》《马克思主义研究》《历史唯物主义》等杂志不仅在英国而且在全球的马克思主义研究者中都具有广泛影响，对社会主义思想的研究也不断深入。苏东剧变以后，英国左翼学者不仅坚持对马克思主义基本理论的研究，而且结合英国以及全球范围内出现的新问题，对市场经济、生态问题等进行了研究，涌现出了市场社会主义、生态社会主义等思潮。

一 对马克思主义理论的研究

英国的马克思主义研究具有长久的历史传统。20世纪中叶以来，左右两翼曾围绕马克思主义展开了长期的争论，并形成了许

多新马克思主义学派,包括历史主义的马克思主义、结构主义的马克思主义、分析的马克思主义,等等。其主要代表人物分别为:历史主义的马克思主义学派的 M. 多布、E. 霍布斯鲍姆、C. 希尔、R. 希尔顿、E. P. 汤普森;结构主义的马克思主义学派的 P. 安德森、T. 奈恩和布莱克伯恩;分析的马克思主义学派的柯亨。

苏东剧变以来,英国对马克思主义的研究主要集中在两个方面:一是从总体上分析马克思主义理论在当代的适用性;二是对马克思主义具体理论的研究。

1. 马克思主义理论在当代的适用性

苏东剧变后,西方主流学术界宣称,社会主义和马克思主义已经失败。福山更是提出"历史终结论",认为未来将是自由市场经济和议会民主政体全球化的时代,在这种全球化语境中社会主义及其理论基础——马克思主义已没有位置。

对于主流学者对马克思主义的否定和攻击,英国左翼学者从许多方面论证了马克思主义理论的正确性和现实性。

瓦辛纳指出,东欧的社会和政治体系转型、苏联的解体,以及随之而来的资本主义复辟,给马克思主义者提出了尖锐的问题,即马克思主义是否还能解释当代世界。在他看来,马克思主义尤其是经济学在今天仍是活跃的,仍然和当今世界息息相关,马克思主义已经成为现代人思想的一部分。苏联和东欧地区转轨后所面临的资本主义剥削、社会不平等的加剧、工人的贫困和失业、劳动异化、私人企业的贪婪本质、资本主义专横的积累法则,等等,都是按照马克思所描述的方向在发展,这也证明了马克思主义理论在当代仍然具有生机与活力。[①]

巴里·威尔金斯认为,马克思在《共产党宣言》中创造性地提出了一种新的社会形式,这是推进历史发展的一个壮举。只有社会性质的改变才能使工人阶级不再生活在受压迫和剥削的资本

---

① Ljumilla Vasina, "The Economic Manuscripts of Karl Marx in MEGA2", *Studies in Marxism*, No. 8, 2001.

主义社会里。在当今的发达资本主义国家中，尽管资本家采取了一些改善工人生活状况的措施，但是资本主义社会的性质仍未改变。而在广大的第三世界国家里，工人阶级的贫穷状况，非常接近恩格斯在《英国工人阶级状况》中描述的情形。[1]

保罗·雷诺兹在《工人们怎么样?〈共产党宣言〉里的无产阶级和政治学》中讲，今天的政治文明是前两个世纪无产阶级反抗资产阶级压迫的成果，我们讨论无产阶级革命的影响，不能把婴儿和脏水一起泼掉。[2]

肖恩·塞耶斯认为，说资本主义和自由民主已经最终胜利为时尚早。现代世界充满了深刻的问题和冲突，马克思主义仍然为理解现代社会的问题并且对它们作出回应，提供了最全面和有力的理论资源。[3]

英国肯特大学教授戴维·麦克莱伦则指出，马克思主义在当代仍有深刻的影响，因为马克思主义的方法论，如辩证法、唯物史观、阶级分析等本身对自然界和社会的发展具有极强的解释力，至今仍有着很大的生命力。马克思主义的价值观，即消灭剥削和压迫，充分发展人的个性，解放全人类，最终实现自由人的联合体，仍然是许多进步的和正直的学者所憧憬的理想。他还指出，"马克思的许多观点得以形成的方法……已经成为我们时代的方法。在某种意义上，我们都是马克思主义者"[4]，"马克思的学说对当今世界的重要性在于他对资本主义的剖析。目前西方发生的经济危机，更证明了马克思在其著作中对资本主义制度的解析，尤其是关于信用及虚拟资本产生的阐述，比以往任何时候都更切合

---

[1] Barry Wilkins, "The Proletariat, Political Power and Social Transformation in the Communist Manifesto", *Studies in Marxism*, No. 4, 1997.
[2] 刘俊杰:《从英国杂志〈马克思主义研究〉看"历史的终结"》,《新西部月刊》2008 年第 11 期。
[3] [英] 肖恩·塞耶斯:《马克思主义哲学在英国》,《现代哲学》2008 年第 2 期。
[4] [英] 戴维·麦克莱伦:《马克思的遗产》,《中国社会科学报》2013 年 3 月 6 日。

实际。他对西方政治经济演变过程中的经济基础论述尤为重要"①。

乔纳森·沃尔夫也充分肯定了马克思主义的生命力,认为"马克思的全部思想都仍然有生命力。马克思的每一主要思想都仍然非常值得研究。……无论从理论还是从实践方面来看,马克思的影响都是无法估量的"②。

特里·伊格尔顿在 2011 年出版的《马克思为什么是对的》一书中,总结了十个对马克思主义的最常见的批评,并给出了针锋相对的回应或回答,以"申辩"的方式阐明马克思主义为什么是对的,还原马克思主义的本来面目。他指出,马克思是少有的能够改变历史进程的思想家,他"彻底改变了我们对人类历史的理解",他的不可超越的贡献就是"对资本主义作出了有史以来最彻底、最严厉、最全面的批判"。当代的女权主义、生态主义、反全球化等激进运动,尤其是反资本主义运动,它们根本谈不上与马克思主义有什么根本性的决裂,在根本上也都没有超越马克思,反而都是从马克思那里汲取力量,在各自的视域内都无法回避马克思所揭示的资本主义问题,马克思主义反而是运动的最坚定的支持者。所以,马克思仍然是我们同时代的人,马克思主义仍然是我们同时代的思想。③ 英国伦敦大学教授约翰·哈特尼克也认为:"在马克思逝世 130 年后,他的学说依然是当今世界的真理。马克思尖锐深刻的思辨,仍然激励着我们去探究。马克思的著作,对于任何有志上下求索、辨析当前经济乱局危机的学人,都是必读宝典。"④

2. 对马克思主义具体理论的研究

除从总体上捍卫马克思的理论外,英国左翼学者还结合当前英

---

① 《当今世界的真理》,《人民日报》2013 年 3 月 18 日。
② [英] 乔纳森·沃尔夫:《当今为什么还要研读马克思》,段忠桥译,高等教育出版社 2006 年版,第 73 页。
③ 陈祥勤:《当前西方左翼思潮对世界资本主义体系的分析、研判和展望》,《毛泽东邓小平理论研究》2015 年第 7 期。
④ 《当今世界的真理》,《人民日报》2013 年 3 月 18 日。

国和世界的现实对马克思主义的许多具体理论进行了解读。

苏东剧变以来,随着社会主义阵营的解体,西方主流学者一方面鼓吹资本主义制度的优越性,另一方面提出阶级消亡论,认为无产阶级作为一个阶级已经消失,资本主义已不存在阶级剥削。对此,英国左翼学者予以了反驳。

英国社会主义工人党领导人托尼·克利夫认为,马克思在《共产党宣言》中分析过的资本主义基本矛盾依然存在,资产阶级和工人阶级的矛盾越来越尖锐;作为马克思主义社会分析核心范畴的阶级概念和马克思主义的阶级斗争学说仍然是分析当代西方社会阶级关系的正确理论。但是随着资本主义社会结构的复杂化,资本主义社会的阶级关系出现一些新情况:一是出现了一个占社会成员总数15%—20%的"中间阶级";二是工人阶级本身似乎根据性别、民族或种族而分解为不同集团,以至于工人阶级不被作为一个统一的阶级来谈论。这就需要人们依据马克思主义的阶级理论对此进行研究和说明。英国《社会主义者评论》月刊主编琳西·杰尔曼认为,根据马克思主义划分阶级的科学标准和"中间阶级"所固有的两重性或矛盾地位,"中间阶级"并非独立的阶级,而是一个带有中间性质的流动性阶层。①

理查德·斯凯思通过对马克思剩余价值论的分析,认为:"社会阶级和阶级关系仍然是现代资本主义社会的相关特征。……我们认为任何一种职业的人都不可避免的属于一定的阶级。""没有阶级关系资本主义生产方式就不能存在,反过来亦是如此。没有阶级关系和资本主义生产关系就不能生产出剩余价值,相应地,资本主义也就不能扩大再生产。没有存在于剥削结构中,作为生产资料的资本和劳动,资本积累就无法实现。"②

---

① 卢卫红:《冷战结束后英国的马克思主义研究状况综述》,《北京行政学院学报》2005年第4期。
② [英]理查德·斯凯思:《阶级》,雷玉琼译,吉林人民出版社2005年版,第27、92页。

特里·伊格尔顿同样结合马克思的剩余价值论来解释阶级斗争，提出了一个颇有特色的论断："阶级斗争从本质上来说将是争夺剩余价值的斗争。"①

除对阶级问题的阐释外，英国左翼学者还对马克思的许多理论进行了当代解读，如理查德·斯凯思用当今西方的社会现实状况证明马克思的垄断和竞争理论的正确性，认为："资本主义生产模式中固有的竞争过程引起了高度的垄断，公众熟知的极少数公司在总产出和总就业量中占据很高的比率。"② 他进一步指出，在西方国家，垄断加强的过程受到政府的极大支持。

二 市场社会主义

在市场与社会主义的关系上，传统的观点认为，社会主义的经济特征是实行生产资料公有制与计划经济，市场是与资本主义相伴随的。持这种观点的不仅有传统意义上的左翼学者，也包括右翼学者。他们都认为，市场与社会主义处于政治和经济领域中的两极，这两个术语是彼此矛盾的。苏东剧变后，英国一些学者重新思考市场和社会主义的关系，提出了市场社会主义的概念。

市场社会主义思潮的代表人物有戴维·米勒、索尔·埃斯特林、尤里安·勒·格兰德、雷蒙德·普兰特、彼得·阿贝尔和戴维·温特等人。

对于市场和社会主义的关系，埃斯特林等人指出："把市场与资本主义联系起来以及把计划和社会主义捏在一起，是一种通常的观念。我们坚信，这是一种根本的误解。资本主义和社会主义都运用市场的和非市场的交易方式。资本主义经济中，大公司和国家都使用计划技术；而在中央计划经济中，市场提供了一种辅助性制度。我们认为，在一个希望采纳社会主义目标的复杂的工

---

① ［英］特里·伊格尔顿：《马克思为什么是对的》，李杨、任文科、郑义译，新星出版社2011年版，第48页。
② ［英］理查德·斯凯思：《阶级》，雷玉琼译，吉林人民出版社2005年版，第85页。

业社会中，市场应成为交易机制的主导形式。"① 在他们看来，市场不是与资本主义相连而是与工业制度相连的。无论是资本主义制度、社会主义制度还是混合型制度，只要是工业制度就必定会运用市场。

对于社会主义为什么需要市场，米勒认为，这是因为社会主义市场经济能够对私人消费选择自由、就业选择自由、言论自由作出保障。它的目标在于，以比资本主义可以允许的更高程度扩大这些自由。而无市场的或仅有有限市场的社会主义经济，则不可能保障这些自由。因而，在一种可行的社会主义中，市场必定会起很大的作用。它不仅能带来经济效益，同时也能带来多样化和个人自由。

基于上述原因，英国的市场社会主义理论赞同把市场作为有效使用资源的程序和自由选择的保障，但同时也反对自由主义者所主张的自由放任的市场理论。戴维·米勒就指出，尽管市场能带来经济效益、多样化和个人自由，"但在太多的情形里，市场的这一特点被分配的严重不均所抵销。所以，我们还需要有市场以外的制度，其中以政治制度最为首要。这些制度将建立起新的框架，其中资源分配不均得到纠正。市场社会主义既不简单地肯定市场，也不简单地否定市场。市场社会主义对市场的态度是区别对待，这种方法试图对在我们周围展现出来的人性的复杂情形持公允之论"②。可以说，正是由于市场不会永远处于良好的运作状态，存在着许多市场失灵的场合，因而政府干预也是必须的，而不能如自由主义者所主张的完全的自由放任。尤其是市场会导致不平等，为此，"市场社会主义的一个基本原则便是把再分配制度摆在适当的位置"③。市场社会主义的一个重要特征就是强调政府对市场的干预和调控，以保证社会主义目标的实现，正如索尔·埃斯特林

---

① [英] 索尔·埃斯特林、尤里安·勒·格兰德编：《市场社会主义》，邓正来、徐泽荣等译，经济日报出版社1993年版，第107页。
② 同上书，第54页。
③ 同上书，第120页。

和戴维·温特所说的:"从社会主义的观点来看,竞争性市场具有严重的问题;例如由于外溢效果,生产结构中资本配置的大规模调整或非边际调整所遇到的问题,以及收入财富分配方面的问题。所有这些问题都为政府的干预勾勒出相应的领域。在这些领域中权威当局采取决定性行动的意愿和能力帮助我们区分了市场社会主义政府和资本主义政府。"①

在市场社会主义模式下,市场使工业民主成为可能,而工业民主的程度则取决于企业的结构,在戴维·米勒看来,最民主的形式就是工人合作社。因此,他以欧洲普遍存在的工人生产合作社为蓝本,设计了一种力求维护社会主义核心价值目标的"市场社会主义的纯模式"。该模式将工人合作社作为最基本的经济组织形式,并描绘了在合作社中工人自我管理的具体经济事宜,以及管理程序和形式等。该模式的主要内容和特征包括:(1) 企业以工人合作社为主,投资资金来源于国家设立的公共投资机构,生产由企业自行决定,实行民主管理,重大决策必须征得全体工人的一致同意;(2) 为避免导致收入分配差距扩大的资本市场的存在,该模式主张资本所有权社会化,要求所有企业都从外部的投资机构(包括公有投资机构和私人银行)有条件地借贷资金,企业对于借贷来的资金只有使用权,没有完全的所有权;(3) 企业面向市场生产经营,并在市场上通过相互竞争获取利润,纯利润可用作企业进行分配和投资的基金库,企业在竞争中要遵循资本运行、破产以及民主原则等,凡是不能为其内部成员提供最低生活保障的企业就要宣告破产;(4) 把市场作为提供商品和服务的主要手段,同时注重发挥国家的经济作用,以弥补市场机制的缺陷,为经济运行提供必要的制度保证。国家的功能被限定在调节投资、提供福利等公共事业方面。米勒强调,合作制经济模式必须实现三种形式的平等,即最低收入的平等,平等地利用由投资机构分

---

① [英]索尔·埃斯特林、尤里安·勒·格兰德编:《市场社会主义》,邓正来、徐泽荣等译,经济日报出版社1993年版,第121页。

配的资本，通过合作制度和生产性资源社会所有制的优点限制市场产生的不平等。①

总之，市场社会主义所追求的是既能发挥市场经济的激励机制，又能通过政府的作用实现整个社会的发展。

三 生态社会主义

关于生态问题，马克思和恩格斯早已论述过人与自然之间的辩证关系。20世纪中后期，随着资本主义生态环境的恶化，生态马克思主义成为欧美马克思主义研究的一个重要理论分支。

1989年，英国埃塞克斯大学社会学教授特德·本顿在《新左派评论》上发表《马克思主义与自然的限制：一种生态学批评和重建》（Marxism and Natural Limits: An Ecological Critique and Reconstruction）。本顿认为，马克思和恩格斯倾向于否定"自然的限制"论点，并视之为守旧的论点，这就导致"马克思对资本主义生产的描述，采用的都是一种有局限的、有缺陷的生产性劳动过程概念。这些局限性和缺陷性都逃脱不了全面夸大这类劳动过程的潜在的转变力的干系，且对此类劳动过程依赖于、受限于其他非生产性劳动过程，依赖于、受限于相对或绝对不可控的背景条件，依赖于、受限于自然介导型无意后果，完全没有深入的认识"②。基于此，本顿提出要在考虑自然对人类和社会发展的限制的基础上来重建马克思的历史唯物主义，构建新的绿色历史唯物主义。

对于本顿所说的马克思和恩格斯否定自然的限制的观点，戴维·佩珀予以了否定，认为马克思主义的历史唯物主义是亲生态学的，可以为解决生态问题提供理论的指导，并在此基础上提出

---

① 吕薇洲等：《世界社会主义整体发展视阈中的国外社会主义流派》，中国社会科学出版社2016年版，第161—162页。

② ［英］特德·本顿：《生态马克思主义》，曹荣湘、李继龙译，社会科学文献出版社2013年版，第158页。

了自己的生态社会主义理论,成为英国生态社会主义的领军人物。

1. 人与自然的关系

佩珀认为,人与自然的关系是辩证的:第一,在自然和人类之间没有分离,它们彼此是对方的一部分——矛盾的对立面。第二,它们在一种循环的、互相影响的关系中不断地相互渗透和相互作用。自然及其对它的看法影响和改变人类社会——人类社会改变自然,被改变的自然又影响着社会进一步地改变它,等等。

自然被人类转化,第一自然成为第二自然。佩珀指出:"马克思也认识到一种'外部'或'第一'自然的预先存在,是它产生了人类。但人类在'第一'自然中又创造了'第二'自然——社会的物质创造和它的制度、思想及价值观。"①

佩珀还指出,尽管马克思的绿色批评者将其看作是笛卡尔主义者或机械论者(模仿古典科学的方式,把世界视为一部机器,并可以简约为被客观认知的部分),但实际上,马克思关于人与自然关系的论述是有机的和一元论的,这种有机论不同于机械论,而是把社会自然看作一个有机体,彼此之间有互动并且相互影响。

在人与自然的关系问题上,佩珀还指出了自然的异化问题,指出自然在资本主义生产方式下被异化了。在资本主义社会中,人类的野蛮与不计后果的开发行为使自然处于危险的状态,自然暂缓了与人类的互动过程,它已不能很好地为人类服务而逐渐脱离人类社会。要解决这一问题,恢复自然与人类的和谐发展,就必须恢复自然的社会性,而这在资本主义社会中是达不到的。

2. 生态危机的根源

对于生态危机的根源,佩珀并不同意绿色分子所宣称的环境破坏是与错误的态度和价值相结合的"工业化"的结果,而是认为,造成生态危机的根本原因是资本主义的生产方式以及资本主义制度本身。生态问题所要责备的不仅仅是个性"贪婪"的垄断者或

---

① [英]戴维·佩珀:《生态社会主义:从深生态学到社会正义》,刘颖译,山东大学出版社 2005 年版,第 156 页。

消费者，而且是这种生产方式本身：处在生产力金字塔之上的构成资本主义的生产关系。或者，更准确地说，"正是资本主义制度下人类'干预'自然的方式是大量土地退化和由此造成的让人吃惊的人类后果的原因"①。

佩珀指出，在资本主义生产方式下，生态危机的出现是由于两个方面的原因：

第一，资本主义生产具有收益内在化、成本外在化的情形。为降低生产成本，资本家设法把各种自然资源、公共资源无偿地投入到生产中，由此获取的利润则归企业所有。这就导致对资源的过度开采——获取它们的价值而不考虑对未来生产力的影响——在资本主义经济中是一种不可抗拒的趋势，而成本外在化部分地是将其转嫁给未来：后代不得不为今天的破坏付出代价。

成本外在化还可以"在空气、水、土地等资源的污染中，在偏好公路而不是铁路运输中，在一次性产品和包装中和事实上通过机器生产实现的'合理化'中看到：作为结果发生的失业成本由作为一个整体的社会来支付"②。

佩珀指出，每年都有无数关于私人公司公开地或秘密地使社会与环境成本外在化的例子出现。如"全国电力"公司在私有化后，为削减成本于1991年决定关闭位于里泽海德（Leatherhead）的全国最主要的酸雨研究实验室。一名全国电力发言人宣称，去发现他们的工业给环境造成的影响不是电力公司的商业利益所追求的。

第二，对利润的追求使资本主义内在地"对环境不友好"。佩珀指出，为追求更多的利润，资本家必然会扩大生产。而且，由于过度生产和利润率下降的矛盾，生产者必须更加努力地工作：通过创造新的需求来抵消需求的下降和扩大需求。这就导致对资

---

① ［英］戴维·佩珀：《生态社会主义：从深生态学到社会正义》，刘颖译，山东大学出版社2005年版，第133页。
② 同上书，第136页。

源需求的日益加剧，从而产生了奎尼所指出的"资本主义的生态矛盾"，其中，资本主义制度持续地吞噬掉维持它的资源基础，即"资本主义的生产……发展科技和把各种进程组合成一个社会整体，确实通过削弱所有财富的最初源泉——土壤和劳动力"①。

3. 生态帝国主义

生态帝国主义是指西方发达资本主义国家为了扩大生产规模、赚取超额利润、缓解本国的生态矛盾而采取的对全球生态资源进行帝国主义式的掠夺行为。

第一，加紧对海外资源的掠夺。为缓解国内的生态矛盾，发达国家所采取的手段之一就是加大对海外生态资源的掠夺力度。生态帝国主义采用殖民式掠夺，破坏发展中国家的生态资源，有时甚至以"国际援助"的名义使第三世界国家放弃传统农业以适应发达国家的需求，导致这些国家的生态环境日益恶化，经济也更加落后。

第二，不断向海外销售和处理本国有毒垃圾。发达国家一方面把高污染、高消耗的企业转移到第三世界中，以此来缓解国内出现的生态问题；另一方面，直接把许多有毒垃圾运往这些国家处理，正如佩珀所指出的，"既然环境质量与物质贫困或富裕相关，西方资本主义就逐渐地通过掠夺第三世界的财富而维持和'改善了'它自身并成为世界的羡慕目标。因而，它新发现的'绿色'将能通过使不太具有特权地区成为毁坏树木与土壤的有毒废物倾倒地而实现。"②

第三，通过跨国公司和国际组织实现资本主义的渗透。佩珀指出，资本的国际化过去是现在仍然是对资本主义内在矛盾的必然反应，它受作为自我扩展价值的资本的支配。国际货币基金组织、世界银行等国际组织都是为了将第三世界国家纳入发达资本主义

---

① [英]戴维·佩珀：《生态社会主义：从深生态学到社会正义》，刘颖译，山东大学出版社2005年版，第135页。

② 同上书，第140页。

国家所主导的世界贸易体系中而建立的。他们鼓励和迫使第三世界降低它们保护其新兴工业的进口限额和关税并使它们的货币贬值，从而使其出口商品变得便宜和来自西方国家的进口商品变得昂贵，并通过削减福利开支和进口西方的机器与农业化学产品，使农业资本主义化。而跨国公司更是控制着绝大部分的全球贸易，这是对第三世界"重新殖民化"的一种努力。

4. 解决生态危机的出路是生态社会主义

佩珀强调，解决生态危机的有效途径就是变革资本主义制度，走生态社会主义的道路。

佩珀认为，生态社会主义是人类中心论的和人本主义的。他拒绝任何生物道德和把自然神秘化的观点，认为这是反人类的。

（1）资本主义被社会主义发展所代替

佩珀认为，资本主义最初发展了生产力，但现在它阻碍了它们无异化的和合理的发展。因此，它必须被社会主义发展所代替。而在这一进程中，生产和工业本身并不会被取消，它们并不是生态问题的根源。不仅如此，技术是适应所有自然（包括人类）的而不会对它造成破坏，同时，技术也强化了生产者的能力和控制力，技术的发展有利于缓解生态矛盾。

（2）"国家"的重要性

佩珀认为，在社会主义发展中，通过一个有能力的"国家"或相似的制度实现的计划是重要的，"如果没有复杂的管理和社会结构以确保民主参与、民权和经济资源的平等协调，没有国家的、没有货币的小规模的公社或其他非正式的选择性形式是不可行的……"[1]

（3）按需对资源进行开发与分配

在生态社会主义中，将按需而不是按利润进行资源的开发与分配。生产不再建立在工资奴隶制基础上而是建立在自愿劳动的基

---

[1] ［英］戴维·佩珀：《生态社会主义：从深生态学到社会正义》，刘颖译，山东大学出版社2005年版，第356页。

础上，大多数人将希望充分发挥他们的才能并与别人相处。因此，个人愿望将在很大程度上与强烈的共同体精神相一致，而且，人们可能会感到巨大的压力而不想成为自由的搭便车者。

（4）工人运动是社会变革的关键力量

佩珀认为，实现共产主义的生态社会主义战略可能有所不同。但是，它们所共同的是承认控制而不是绕过资本主义的潜在需要。而且，作为集体性生产者，我们有很大的能力去建设我们需要的社会。因此，工人运动一定是社会变革的一个关键力量。它将重新发现自己在这方面的潜力，并且重新恢复作为一种环境运动的特征，而这已在比如工会主义、乌托邦社会主义和回归土地运动中得到历史性的证实。①

佩珀还指出，社会变革和历史发展的途径将是唯物主义的——承认经济组织和物质事件在影响意识和行为中的重要性。从全球视角看，潜藏的阶级冲突仍潜在地是一种强大的变革力量，而阶级分析也依然重要。

5. 红绿政治的前进方法

佩珀指出，自从20世纪70年代大众环境主义兴起以来，在红色和绿色之间就存在着紧张关系，这既产生了冲突也产生了和解与联合的尝试。他指出，如果要形成任何有效的红绿联盟，它们观点中的根本性区别应被明确地说出，而不应该被掩饰。

二者的区别在于：红色的河流接受对人类需要的限制和这些需要都能够被满足，而绿色的河流接受对增长的限制；红色的赞成一个修改后的"启蒙结果"和现代主义，而绿色的主要是后现代主义的；红色的是绝对主义的——赞成社会主义的发展，而绿色的是自然绝对主义和社会相对主义的混合物；红色的对自然和社会的观点是一元论的，而绿色的承认一元论但在实践中是二元论的，等等。上述这些差异反映了马克思主义和无政府主义以及乌托邦

---

① ［英］戴维·佩珀：《生态社会主义：从深生态学到社会正义》，刘颖译，山东大学出版社2005年版，第356—357页。

社会主义之间的区别。①

要实现红绿联盟，主流绿色分子和绿色无政府主义者必须从马克思主义那里接受更多积极的东西。那里有对资本主义的社会分析和社会—自然辩证法的概念：两者都是强有力的、认识深刻的和准确的。然后是它对社会主义的信奉。而且，它还有一个社会变革中介理论的可能性，绿色理论需要吸收马克思主义的相关方面，同时形成一种将避免生态破坏的战略。②

除佩珀外，德里克·沃尔也是英国生态社会主义的代表人物之一。沃尔的绿色思想理论在20世纪90年代已基本成型，著有《实现绿色社会的步骤》《20世纪90年代的绿色宣言》《绿色历史——环境文学、哲学和政治学读物》《绿色左翼的兴起：一种世纪生态社会主义者的观点》等。在2006—2007年间曾担任英格兰和威尔士绿党的首席发言人，也是英国左翼报刊《晨星报》《红辣椒》（Red Pepper）的定期撰稿人，以及英国"社会主义抵抗"组织的咨询编审。

沃尔同样认为，资本主义制度是生态危机的根源，对资本主义制度的修修补补不可能根除生态破坏，因为资本主义制度对环境的破坏总是远远超过其修护力度。资本主义的发展不但牺牲了工人阶级的利益而且牺牲了全球大多数人的利益，同时破坏了自然环境，扰乱了社会秩序。因此，要从根本上解决生态问题，就必须采取激进的反资本主义运动，实现生态社会主义。沃尔认为，生态社会主义是生态和谐、社会正义及满足人类需求的替代性发展路径。他认为生态社会主义必须符合下列原则：生态原则、财产公有制原则、民主原则和公平原则。③

---

① [英]戴维·佩珀：《生态社会主义：从深生态学到社会正义》，刘颖译，山东大学出版社2005年版，第371页。
② 同上书，第375页。
③ 参见刘艳琼《德里克·沃尔的生态社会主义思想研究》，福建师范大学2013年硕士论文。

四 对现实问题的马克思主义分析

苏东剧变后，世界经济政治格局发生了巨大变化。一方面，发达国家利用其垄断优势加强了对发展中国家的剥削和对世界经济体系的控制；另一方面，西方掀起反共反社会主义的浪潮，资产阶级右翼思想家推出了一大批反社会主义的著作如《历史的终结与最后之人》《大失败——二十世纪共产主义的兴亡》《1999 不战而胜》等，对马克思主义和社会主义进行诋毁，并在全球推广西方的民主制度，认为"共产主义气数已尽"，"世界正进入历史上共产主义之后的阶段"。在这一背景下，英国的左翼学者也加强了对现实问题的马克思主义分析，如对苏联解体的反思、对新帝国主义的阐释、对 2008 年国际金融危机的马克思主义解读等。

1. 对苏东剧变的反思

苏东剧变不仅使社会主义阵营的力量受到极大削弱，同时在理论上也引发了巨大的争论。苏联解体的真正原因是什么？这是否标志着社会主义的失败？对于这些问题，英国左翼学者从不同角度进行了分析。

英国经济学家卡瑟琳·丹克斯认为，苏联的经济改革之所以失败，是因为它建立了一个互不协调的中央计划经济和市场经济的混合物。经济改革的不同组成部分之间先后次序的安排不正确。比如，如果企业不能制定反映产品真实生产成本的价格，那么它们就不能真正地自筹资金。此外，因为担心物价增长引起通货膨胀和削弱改革从而导致社会不满，价格改革一直滞后。结果就是，一些基本的消费品比如火柴、肥皂和牙膏在商店里消失了，因为企业"承担"不起生产它们的成本。[①]

斯蒂芬·怀特从民族问题的角度进行了分析，认为苏联政府，特别是戈尔巴乔夫时期对解决民族问题反应迟钝且无从下手，从

---

① 徐崇温：《苏东剧变后国外社会主义研究中的几个热点问题》，《马克思主义与现实》1997 年第 2 期。

而无法控制事件发展的进程。怀特认为，苏联存在的民族问题主要有两类：一类是各民族、各共和国间的关系紧张；另一类出现于20世纪80年代后期，表现形式为一些民族争取民族自决的运动，这在波罗的海三国最为典型。正是这些政府无力解决的民族问题直接导致了苏联的解体。但他同时也指出，民族问题不是导致苏联解体的最根本的原因。1991年3月的公民投票表决表明：绝大多数人支持苏联作为一个更新的联邦而存在。这个新联邦由平等的主权共和国组成，每个民族的人权、自由将得到充分的保障。①

艾瑞克·霍布斯鲍姆把苏联的垮台看作是指令性计划的失败，其根源是生产力与生产关系的冲突。②

蒙蒂·约翰斯通则认为不能将苏联模式的国家社会主义等同于社会主义，前者缺失马克思视为社会主义前提条件的经济、文化、政治发展水平和社会主义者之间的国际协作。他还指出，认为苏联模式的失败已证明资本主义经济从根本上优越于社会主义经济的观点，忽略了以下几点：第一，若干有利的历史条件——依靠这些条件，最发达的资本主义强国才极大地维持住了自身的经济优势；第二，在所谓"共产主义崩溃"之前，资本主义强国在一定程度上被迫作出让步——其部分目的是要抵消来自东方的政治挑战；第三，资本主义固有的人剥削人的制度和环境；第四，在苏联向资本主义迈进的道路上，当今人们看到的生产与生活水平的灾难性下降。③

总体来看，英国左翼学者都认为，苏联解体并不意味着社会主义的失败。事实上，苏联解体的根本原因之一就是放弃和背离了

---

① ［英］斯蒂芬·怀特：《苏联解体原因研究的反思》，《国外理论动态》2001年第11期。
② 卢卫红：《冷战结束后英国的马克思主义研究状况综述》，《北京行政学院学报》2005年第4期。
③ 张光明编写：《吉登斯"社会主义已经死亡"论的错误》，《国外理论动态》2001年第6期。

马克思主义和社会主义的基本原则。

2. 新帝国主义的表现与本质

第二次世界大战后，随着民族独立运动的兴起，传统的殖民帝国主义土崩瓦解。发达国家对发展中国家的剥削与掠夺不再像之前那样采用占领殖民地和势力范围的方式，而主要采取经济方式，通过经济手段实现对发展中国家经济、政治等全方位的控制，从而在发展中国家与发达国家之间形成了新的依附关系。对帝国主义的这种新形式，许多学者都以"新帝国主义"这一定义将之与传统的殖民帝国主义相区分。进入20世纪末以来，西方右翼学者推出了为美国等发达国家的行为进行辩护的"新帝国主义论"，更是引发了学者对新帝国主义问题的广泛关注和研究。其中，英国学者大卫·哈维对新帝国主义进行了深入研究，对其本质、扩张方式等进行了详细论述。

大卫·哈维通过分析"权力的领土逻辑"与"权力的资本逻辑"之间的相互关系来界定新帝国主义，认为它是"'国家和帝国的政治'（帝国主义作为一种特殊的政治方案，其行为体的权力建立在拥有一定领土，能够动员其人力和自然资源来实现政治、经济和军事目标上面）和'资本积累在时空中的分子化过程'（帝国主义作为一种在时空中扩散的政治经济进程，支配和使用资本占据着其首要的地位）这两种要素矛盾的融合"[①]。

权力的领土逻辑和权力的资本逻辑概念是乔万尼·阿瑞吉提出的，在权力的领土逻辑下，行为主体是国家或国际组织，通过政治、外交和战争的形式谋求政治利益和经济特权，行为者的权力奠基在领土控制和动员人力资源、自然资源以达到政治、经济和军事目的的能力之上，而权力的资本逻辑是指资本在时空中的分子式积累过程，其中占首要地位的是对资本的控制和利用。在权力的资本逻辑下，权力范围没有固定的边界限制，可以随资本的

---

① ［英］大卫·哈维：《新帝国主义》，初立忠、沈晓雷译，社会科学文献出版社2009年版，第24页。

流动而随意扩散。

在哈维看来，新帝国主义表现为"权力的领土逻辑"对"权力的资本逻辑"的最终服从，"权力的资本逻辑"取代了"权力的领土逻辑"。他指出，权力的领土逻辑和权力的资本逻辑的不同点在于：第一，目的不同。拥有货币资本的资本家的目的是将货币资本投到可以产生利润的地方以积累更多的资本，而政治家则谋求维持或增加本国的权力。第二，追求的目标不同。资本家追求的是个人利益，而政治家追求的是集体利益。第三，限制条件不同。资本家的活动不受时空的限制，而政治家则只能在一定的地域范围内活动。第四，稳定性不同。资本家的公司可以任意地建立和解散、变更地址、合并或歇业，而国家则是长期存在的实体，它不能够迁移，除了地理征服这一异常情况外，它总是被限定在固定的边界之内。① 在实践中，这两种逻辑经常会互相竞争，有时甚至会完全对立。在传统的帝国主义时代，国家强权被置于绝对统治的地位，扩张领土成为帝国主义的重要目标，权力的领土逻辑占据重要地位。而在新帝国主义时代，主要表现为资本的竞争，权力的资本逻辑的重要性远超过权力的领土逻辑。

哈维还指出，新帝国主义的真正意义在于，以剥夺性积累为主要方式而进行的对其他国家和地区的掠夺。这是因为，过度积累是资本主义的必然趋势，其根源在于资本主义的扩大再生产。由于资本的逐利本性，资本家必然会把越来越多的剩余价值用于扩大再生产，这必然会出现资本过度积累的趋势。而通过剥夺性积累对发展中国家进行掠夺和剥削则成为发达资本主义国家解决这一问题的主要选择。哈维所说的剥夺性积累主要有四个方面：私有化、金融化、危机的管理和操纵以及国家再分配。私有化为垄断资产阶级提供了更利于利润攫取的空间。金融化则"一方面维护了霸权国家的利益，另一方面则是引导附庸国走向假设中的资

---

① ［英］大卫·哈维：《新帝国主义》，初立忠、沈晓雷译，社会科学文献出版社2009年版，第25页。

本主义发展的黄金道路"①。危机的管理和操纵以及国家再分配都是借助国家政权的力量使利润集中于垄断资本手中。哈维指出,在新帝国主义条件下,连接剥夺性积累和扩大再生产之间的纽带是由金融资本和信贷机构所提供的,而这一切都是由国家权力所支持的。在经济全球化的条件下,这种剥夺性积累不仅在国家内部日益深化,而且发达资本主义国家还通过其经济优势,利用发展中国家的资金、技术困境,借助各种国际组织对发展中国家施加压力,使其接受以私有化、市场化和自由化为特征的"华盛顿共识",将其纳入资本主义生产体系中,从而将剥夺性积累应用于更广泛的空间。哈维曾敏锐地指出,世界贸易组织的首要目标是为不受限制的资本流动开发尽可能广泛的世界市场,这为发达国家进行剥夺性积累创造了良好的条件,正是这种剥夺性积累才使发达国家能够保持其在国际分工中的地位和优势,也使发达国家和发展中国家的差距进一步拉大。

3. 新自由主义

20世纪70年代以来,新自由主义成为西方的主流思潮。撒切尔夫人在1979年出任英国首相后,公开宣布实施新自由主义纲领。

大卫·哈维对新自由主义的本质及其不利影响进行了批判,他在《新自由主义简史》一书中说,新自由主义改革与其说是为了促进人民的幸福,不如说是源于这些发达资本主义国家中的上层阶级和商业精英为了恢复自己的经济力量所做的打算。随着新自由主义的推行,全球范围内的不平等日益加剧,"财富和力量如今都聚集到资产阶级上层队伍手里,这种现象自1920年代以来还是第一次发生。流入世界主要金融中心的贡金数量惊人"②。不仅如此,新自由主义还使国家的经济发展面临困境,产业资本让位于

---

① [英]大卫·哈维:《新帝国主义》,初立忠、沈晓雷译,社会科学文献出版社2009年版,第123—124页。

② [英]大卫·哈维:《新自由主义简史》,王欣译,上海译文出版社2010年版,第136页。

金融资本,"新自由主义化就是将一切都金融化。这一过程使金融不仅掌控其他一切经济领域,而且掌控国家机器和——如兰迪·马丁所说——日常生活"①。在这种条件下,资本主义国家产业空心化现象日益严重,虚拟经济和实体经济愈益脱节,最终于2008年爆发了国际金融危机。

2008年金融危机发生后,西方国家采取了一系列的救助措施,并在一定程度上加强了对经济的干预与调控。许多人据此认为新自由主义已经终结。对此,佩里·安德森进行了反驳。他认为,尽管在智识层面,作为一种主流经济学家鼓吹的强硬的、体系化的正统理论,新自由主义目前无疑是阵脚大乱了,但新自由主义并未终结:首先,在实践层面,量化宽松政策所造出的钱都进入了房地产市场和股市。这些钱被用来催涨资产价格,提振商业信心,既没有导致任何生产性投资的增长,也没有落入普通市民的手里,以任何显著的方式增长国内需求。量化宽松所做的,只是支撑、抬高富人的收入。所以,它决不是同我们过去已有的一切的决裂,而只是过去的延续。在此期间,没有对收入重新分配,没有累进税制改革。其次,新自由主义的标志就是私有化。纵观整个世界,私有化一刻都没有停止过:在印度,新一波的私有化刚刚启动。巴西也是同样的图景。最后,目前依然缺乏任何清晰的替代新自由主义的东西。②

4. 2008年国际金融危机的根源

2008年国际金融危机爆发后,英国左翼学者对危机的根源和克服危机的途径进行了大量的探讨,普遍认为马克思关于资本主义基本矛盾及其历史命运的论述仍是正确的。

克里斯·哈曼在其著作《僵尸资本主义:全球危机和马克思的相关理论》中指出,虽然危机的表现形式是金融部门的危机,

---

① [英]大卫·哈维:《新自由主义简史》,王欣译,上海译文出版社2010年版,第38页。

② 《佩里·安德森访谈录》(http://www.sohu.com/a/154645780_425345)。

但这是资本主义制度的外表归因。而问题的主要方面却是资本主义制度自身的基本矛盾无法克服生产社会化与私有制的对立,因此资本主义应对危机和经济复苏时,在国家干预和自由市场政策中的摇摆转向无法克服其自身的周期性危机。①

哈维对那种把经济危机归咎于管理不善的观点进行了严厉的批判。在他看来,目前,资本主义的确存在着"过度积累"的问题,对此,资本主义国家选择在资产价值上大量投资,而不是对生产领域的投资。当前的资本主义面临着劳动力、市场、资源、技术或其他限制,无法解决过度积累的问题。在哈维看来,只要不改变阶级力量的格局,不改变资本主义制度本身,任何摆脱目前危机的想法,都是不切实际的。摆脱这场危机的根本出路取决于阶级力量对比的变化,而要使目前阶级力量的对比发生转变,就需要民众像拉美地区的民众那样积极地行动起来,通过政治运动改变自己的命运。但哈维也承认,到目前为止,尚未看到与新自由主义全球化相对抗的反资本主义的全球联盟。但是,有一点是明确的,只有对资本主义体系进行彻底的改造,才能从根本上摆脱当前的危机。②

肖恩·赛耶斯认为,危机虽然最初是以金融危机的形式出现,但其内涵不仅仅是一场经济危机,它还是包括政治危机、文化危机、道德危机和社会危机在内的全面危机。马克思主义有助于理解现代资本主义的全球性质以及我们现在正在经历着的危机。关于如何避免资本主义危机,赛耶斯认为,危机是资本主义运作的始终不可避免和无法逃脱的命运,只有通过社会主义取代资本主义才能最终避免危机。③

---

① 《国外各界评议美欧危机》 (http://www.guancha.cn/america/2011_12_22_63413.shtml)。
② 鲁绍臣:《另一个世界是必要的——2009年英国马克思主义者的心声》,《云南大学学报》(社会科学版)2011年第4期。
③ 《马克思主义对解决现实问题具有指导意义》(http://jb.sznews.com/MB/content/201805/29/content_377774.html)。

第二节　英国左翼组织及其活动

除英国的共产党组织和工党外，英国还存在一些其他的左翼政党和组织。苏东剧变以来，这些政党和组织结合英国的现状，发起和组织了一些活动，构成了英国社会主义运动的一部分。

一　英国其他左翼政党和组织

1. 社会主义工党

最初的社会主义工党（Socialist Labour Party）是1903年6月7日由包括乔治·耶茨、汤姆·贝尔、尼尔·麦克莱恩和爱尔兰共和党人詹姆斯·康诺利在内的苏格兰社会主义者建立的。他们认为，只有坚持工业斗争的传统，才能推动工人阶级的利益。1923年，社会主义工党停止了活动。

1995年布莱尔领导的工党重新修订了党章第四条，放弃了公有制条款，这也在党内引发了巨大的分歧和争论。1996年，前工党成员、全国矿工工会领袖阿瑟·斯卡吉尔成立了社会主义工党。该党强调其对社会主义的承诺，并承认工党的前党章第四条款即公有制条款，这也是该党区别于其他政党的身份特征。

该党主张对主要工业实行公有制。2004年，因为党内在与朝鲜的关系问题上发生分歧，导致分裂。这也使该党的力量受到削弱。根据2014年选举委员会的报告，社会主义工党有385名成员（不包括附属机构），该年度收入为9362.21英镑，支出为11386.30英镑。[①]

在2015年的宣言中，该党提出了关于经济、住房、教育、欧盟、能源等多方面的主张和政策。宣言指出，社会主义工党不准备与任何支持资本主义制度的政府合作。他们希望看到资本主义

---

① "Socialist Labour Party Statement of Accounts: For the Year Ended 31 December 2014", http://search.electoralcommission.org.uk/Api/Accounts/Documents/16333.

的终结，这个制度造成失业，零小时工作合同，无家可归，卫生和社会保健体系、教育和养老金的削减和私有化。而当前，英国摆脱由资本主义制度所造成的财政紧缩的唯一方法是，银行和金融机构只能作为让英国人民拥有与控制生产资料、分配和交换的手段和工具，只有这样才能使英国的经济和政治摆脱腐败寡头的控制，并将我们国家的未来掌握在所有公民手中。

宣言还提出要将控制英国经济、就业、医疗服务、教育体系、养老金和社会保障体系的少数精英阶层排除出去；主张英国立即退出欧盟和北约，因为这些组织不仅继续威胁着英国的经济，而且也影响着英国人民的生活，导致了英国的混乱；能源、水、公共交通、电信等工业和服务应该由人民控制；制定适当的法定最低工资标准，呼吁制定每小时12英镑的最低工资标准（在每周工作40小时的情况下工人将获得480英镑的周薪或24960英镑的年薪）。

宣言指出，社会主义工党坚定地致力于将过去36年私有化的所有行业和服务重新实行公有制。我们希望看到英国的银行、保险公司以及所有在1979年至2015年间被私有化的产业都重新归国家或地方所有。过去的经验表明，私有化会导致混乱和灾难，而解决的方案就是实现公有制。

宣言提出了社会主义工党的目标，指出，社会主义工党希望看到一个没有战争、没有贫穷和压迫的世界，希望看到一个和平与自由、正义与繁荣的世界，最重要的是我们希望看到一个社会主义的世界。我们希望看到所有争取权利和自由的人的梦想和愿望成为现实。[①]

该党作为英国的一个左翼政党，尽管人数不多，但仍积极参加英国的各种选举活动，并对英国的重大事件发表自己的观点与看法，如在2016年英国脱欧公投中，该党呼吁英国脱离欧盟，并且

---

① "Manifesto for Socialism", http://www.socialist-labour-party.org.uk/policies.html.

该党还主张单方面退出，而不用援引《里斯本条约》第50条（该条款规定，有退欧意向的成员国需要与欧盟进行为期两年的协商，如果两年谈不拢，只有全部成员国同意才可延长谈判期）。

在大选方面，该党在英国下议院选举中的表现如表5-1所示：

表5-1　　　　社会主义工党参与英国下议院选举的成绩

选举年份	选票数（张）	得票率（%）	议席
1997	52109	0.2	0
2001	57288	0.2	0
2005	20167	0.1	0
2010	7196	0.0	0
2015	3481	0.0	0
2017	1154	0.0	0

资料来源：https://en.wikipedia.org/wiki/Socialist_Labour_Party_(UK).

除大选外，该党也积极参加欧洲议会选举和英国的地方选举，但由于该党总体力量较弱，因而选举结果并不理想。

2. 社会主义工人党

社会主义工人党（Socialist Workers Party）是英国的一个极左政党。它是由托尼·克里夫在1950年创立的，当时的名称为"社会主义评论团体"，最初只有8名成员。1962年改名为"国际社会主义者"。1968年，该组织采纳了列宁主义的民主集中制原则。1977年1月更名为社会主义工人党。之所以改名，是因为该党认为"'国际社会主义者'不能只是简单地加入由其他组织发起的运动，它具有发起和组织工人运动的能力，而且这种能力比以往都更为强大。现在有更多的成员能够在自己的工作场所中领导工人斗争"①。1977年秋天，社会主义工人党发起了"反纳粹联盟"，这也是该党在这一时期的重要活动。

---

① https://en.wikipedia.org/wiki/Socialist_Workers_Party_(UK).

20世纪90年代初，由于苏联解体，许多左翼人士都陷入了士气低落和迷失方向的时期。而英国社会主义工人党则认为这证明了他们长期以来对苏联的分析和认识。他们一直批判苏联与东欧社会主义国家是"国家资本主义"而不是社会主义国家。在他们看来，"从国家资本主义向跨国资本主义的转变既不是前进，也不是倒退，而是一步一步地偏离。对工人阶级来说，这种改变只是从一种形式的剥削转变为另一种形式"①。

该党的主要主张包括：（1）坚持社会主义。该党认为当前英国的资本主义体系已经无法再修补了，必须进行彻底的改变。工人创造了资本主义所有的财富。只有工人阶级集体获得了对财富的控制权，并且能根据需要规划生产和分配时，才能建立一个新的社会。（2）主张国际主义。该党认为，我们生活在一个由大公司主宰的世界经济中，只有通过跨越国界的斗争，我们才能推翻统治全球的垄断资产阶级。只有在世界范围内的斗争中，才能夺取社会主义革命的胜利。俄罗斯的经历已经证明了这一点。（3）反对种族主义、帝国主义和压迫。该党提出，我们反对所有控制移民的行为，支持各国工人间的团结。我们支持黑人和其他受压迫团体的反抗，支持真正的民族解放运动。我们还要为妇女争取真正的社会、政治和经济平等。（4）强调自己是一个革命性政党。该党认为，那些统治我们社会的阶级之所以强大是因为他们是有组织的——他们控制着财富、媒体、法庭和军队。他们利用这些力量来限制和遏制反对派。为了对抗这种权力，工人阶级也必须组织起来。社会主义工人党的目标就是要把工人阶级以及各种运动联系和组织起来。

从该党的理论基础看，其主要信奉马克思主义、托洛茨基主义和革命社会主义，是一个托洛茨基主义政党。目前，该党的国际书记是亚历山大·西奥多·卡利尼科斯，他也是伦敦国王学院的

---

① Murray Smith, "Where Is the SWP Going?", *International Socialism Journal*, Winter 2002.

教授与《国际社会主义》杂志的主编。

3. 绿党

绿党是指英格兰和威尔士绿党（The Green Party of England and Wales），是英国的一个绿色左翼政党。绿党的前身是 1973 年在考文垂成立的人民党（People Party），1975 年，该党更名为"生态党"，1985 年又将名称改为绿党。1989 年，该党在苏格兰的分支机构分裂出去，成立了独立的苏格兰绿党，其后，北爱尔兰的分支机构也成立了一个独立的绿党，剩余的英格兰和威尔士的分支组成了现在的英格兰和威尔士绿党。在选举委员会进行登记时，英格兰和威尔士绿党被简称为绿党（Green Party）。

绿党的总部设在伦敦。自 2016 年 9 月 2 日起，绿党由卡洛琳·卢卡斯和乔纳森·巴特利共同领导。绿党在下议院有一名议员，在上议院有一名议员，在欧洲议会中有三名议员。绿党在伦敦议会有两名议员，在英国许多地方政府中也都有议员。

在意识形态上，该党将环保主义与左翼经济政策结合在一起，包括在稳定的国家经济范围内，提供资金充足、由地方控制的公共服务，并支持比例代表制。它还主张对公民自由、动物权利等社会政策进行渐进式的改革。

2015 年 2 月，绿党的政策文件中制定了 10 个方面的核心价值观：(1) 致力于社会正义和环境保护主义，主张为了所有人和整个地球的利益应彻底改变社会；对经济、社会和环境福祉的威胁是"同一问题的一部分"，解决其中一种危机需要在同时解决其他两种危机的情况下才能实现；(2) 保护其他物种，因为人类是依靠自然界的多样性而生存的；(3) 建设"一个可持续的社会"以保证人类的长远未来，因为物质资源是有限的；(4) 将"基本物质保障"作为一种普遍、永久的权利；(5) 采取任何行动都要考虑到其他国家、其他物种和后代的福祉，而不是在损害他们利益的基础上增进我们的利益；(6) 在民主社会中，人与人之间自愿合作，不能因种族、肤色、性别、性取向、宗教、社会出身或任何其他偏见而予以歧视；（7）政府决策要强调民主参与责任意识；（8）采用非暴力手段解决冲突，要考虑到弱势群体和后代的利益；（9）不能仅仅用"狭隘的经济指标"来衡量社会成就，还要考虑影响所有人生活质量的因素：个人自由、社会公平、健康、幸福和人类成就；（10）除了选举政治之外，还要采用多种方法，包括生活方式的改变，来促进社会的发展。

在2015年的竞选宣言中，绿党提出许多政策，包括对银行征收罗宾汉税，以及对年收入超过150000英镑的人新增60%的税收。该党还表示，将逐步淘汰矿物燃料发电，并将在2023年关闭所有燃煤发电站。绿党还将在10年内逐步淘汰核电。在2017年宣言中，该党又提出了：废除零小时合同；提高最低工资标准；结束性别薪酬差距，要求公有企业和公共部门董事会中至少40%的成员为女性；利用政府控股的苏格兰皇家银行为每个城市和地区建立一个地方人民银行网络，并提供低成本的基本银行服务；改革税制，对1%的高收入者征收财产税，恢复对大型企业征收更高的公司税，征收遗产税，等等。

在外交政策上，自1992年以来，该党一直强调单方面核裁军，并呼吁放弃英国的三叉戟核项目。该党派反对2003年入侵伊拉克，反对北约领导的军事干预利比亚，反对英国参与沙特阿拉伯领导的对也门的干预。该党还提出，应该立即取消国际债务，任何财政援助应以赠款形式，而非贷款形式，债务支付应该限制在每年出口收入的10%以内。在移民问题上，该党支持移民。

在全球治理上，该党希望对全球经济进行民主控制，世界贸易组织、国际货币基金组织和世界银行应采取改革和民主化措施。在国家治理上，该党全力支持用共和制取代君主制。

在英国脱欧问题上，该党支持2016年对脱欧问题进行公投，认为这是建立一个更民主、更负责任的欧洲的重要机会。但该党并不支持脱欧，而是支持留欧运动，并认为，"欧盟的成员资格使我们的未来更加充满希望和安全。我们将要求对最终协议的条款进行严格审查。我们不接受那种不考虑英国人民利益的'硬退欧'或脱欧。我们将积极开展工作,保障就业,维护基本权利,把环境保护放在未来任何贸易协定的核心位置"①。

在组织方面,绿党每年举行春季和秋季会议。秋季会议会选举绿党执委会、委员会和其他机构;春季会议尽管在制定政策和组织投票方面与秋季会议有同样的权力,但在选举方面只能选举空缺的职位,而且可以由前秋季会议决定。

在人数上,随着人们对环境问题的日益重视,该党成员数量有了大幅增长,根据政治学家莎拉·伯奇的说法,绿党得到了"广泛的人群"支持。② 1995年,社会学家克里斯·罗特斯表示,绿党"对年轻、受过高等教育的专业人士有很大的吸引力"③。2002年以来绿党成员数量见表5-2。

表5-2　　　　　2002年以来英国绿党成员数量

年份	人数	年份	人数	年份	人数
2002	5268	2007	7441	2012	12619
2003	5858	2008	7553	2013	13809
2004	6281	2009	9630	2014	30900
2005	7110	2010	12768	2015	63219
2006	7019	2011	12842	2016	45643

资料来源:https://en.wikipedia.org/wiki/Green_Party_of_England_and_Wales.

4. 英国社会主义抵抗

社会主义抵抗(Socialist Resistance,简称SR)是英国一个革命马克思主义(即托洛茨基主义)、生态社会主义和社会主义的女性主义组织,是一个极左组织。2002年9月8日,社会主义团结

---

① https://www.greenparty.org.uk/green-guarantee/membership-of-the-eu.html.
② Sarah Brich, "Real Progress: Prospects for Green Party Support in Britain", *Parliamentary Affairs*, 62 (1), 2009, p. 53.
③ Dick Richardson and Chris Rootes, *The Green Challenge: The Development of Green Parties in Europe*, London and New York: Routledge, 1995, p. 85.

网络（Socialist Solidarity Network，SSN）和国际社会主义小组（International Socialist Group，ISG）以及33名个人一同发起成立了这一组织。2009年国际社会主义小组并入社会主义抵抗，使社会主义抵抗成为第四国际的英国支部。

社会主义抵抗的创始人包括苏格兰社会主义党的领导成员弗朗西斯·科伦和卡特里奥娜·格兰特，苏格兰社会主义党前国际成员穆雷·史密斯，停止战争联盟成员安德鲁·布尔津，社会主义联盟（Socialist Alliance）的领导成员，包括巴恩斯利联盟（Barnsley Alliance）的书记詹姆斯·怀特，利兹社会主义联盟（Leeds Socialist Alliance）的书记马修·凯吉尔以及莱斯利·马哈茂德和来自社会主义执行局的玛格丽特·曼宁。

该组织由年度大会领导，其中每一名年度大会的代表由三名组织成员选举产生。年度大会选举产生全国委员会和上诉委员会。全国委员会任命小组委员会，其中包括执行局和编辑委员会。

社会主义抵抗在伦敦、牛津和伯明翰组织每月的公共集会，每年还举办一次全国开放论坛。例如，2006年6月组织的由迈克尔·罗伊和西莉亚·哈特讲授玻利瓦尔革命的日校，2006年9月的年度常会，2006年12月和2007年5月的"生态社会主义"论坛和2007年的中东论坛。2009年9月，社会主义抵抗与绿色左翼还一起组织了一场关于气候与资本主义的探讨会。这些论坛和集会对英国和当代资本主义的许多热点问题进行了讨论，也推出了许多成果，如罗兰德·兰斯和特里·康维主编的关于中东问题的大型丛书，汇编了2007年9月年度大会重要文件的《野蛮资本主义》（*Savage Capitalism*）等。《野蛮资本主义》指出，资本主义目前正处于"野蛮资本主义阶段"，"它没有任何社会的责任感，对社会肆意地进行监控、施暴、战争和折磨。它的目的是通过压榨穷人获得短期的利益，而不是为了推进社会和谐与团结，提高大多数人民的生活水平。显然，在资本主义的这个病态阶段，人类面临了前所未有的最大的生存威胁——自然灾害。我们认为威胁人类和地球安全的因素有四方面：自然灾害，帝国主义战争与第三世界的崩溃，野蛮资本主义和闭关锁国式的国家监管。这四方面有着密切的内在联系，它们都是强权与剥削体系中的一个方面。……这个资本主义的新阶段不可避免地引出这样一个判定：只有完全改变全部的政治和生产方式，也即改变我们的社会关系，才能为人类塑造一个可持续发展的未来"。①

社会主义抵抗还出版不定期的大报与小册子。三名社会主义抵抗的领导成员在《国际观点》的编辑委员会中。社会主义抵抗还在生态社会主义国际网中与绿色左翼和红绿研究小组进行合作。

除上述出版物外，该组织还出版一份马克思主义期刊《社会主义抵抗》。发行该刊物的理由是"去表达和建立一种对鲜明的政治立场的支持，尽管我们在一些次要问题上有分歧，但我们要共同分享。我们需要深化为在英国建立一个像苏格兰社会主义党以及意大利重建共产党那样的广泛的社会主义政党的斗争。"②

在2016年英国脱欧公投中，社会主义抵抗组织反对脱欧，认为在这个时刻脱欧会将英国的政治形势推向右翼，削弱反紧缩政策斗争的力量，对移民、难民和英国的少数群体而言也是灾难性的。该组织的主要成员特里·康威称："我们中的许多人选择留欧是一个策略性的决定——如何更好的支持英国还有国际工人阶级（包括移民）的斗争。"③

二 工人运动及其他活动

英国作为工业革命和工人运动的发源地，曾爆发过宪章运动等重大事件的国家，由工会组织或自发的工人运动一直是英国社会主义运动的一部分。除工人运动外，英国还存在许多其他宣扬马

---

① 《资本主义走向野蛮，"生态社会主义"是出路吗？》（http://www.360doc.com/content/11/0821/12/7553715_142131755.shtml）。

② https://en.wikipedia.org/wiki/Socialist_Resistance.

③ 《脱欧前后，英国左翼做了什么？》（https://wallstreetcn.com/articles/251788）。

克思主义的活动。

1. 工人运动

21世纪以来，英国工人年度罢工次数相对于20世纪90年代有了明显下降，并保持着一个较为平稳的态势。即使是在2008年金融危机发生后，罢工的总次数也没有显著增长，详细情况见表5-3。但值得注意的是，在危机发生后，以损失工作天数和参与工人数为计算标准的大规模罢工却呈增长态势。英国统计局提供的数字显示，2011年11月全国大罢工后，英国单月参与罢工的工人达到114万，共损失将近10万工作天数，创20世纪90年代以来单月最高水平。同时，该年度参与罢工的总人数达到153.6万，也是20世纪90年代以来的最高值。[①]

表5-3　　　　　　　　1996年以来英国的罢工情况

年份	罢工人数（千人）	公共部门罢工次数	私营部门罢工次数	年份	罢工人数（千人）	公共部门罢工次数	私营部门罢工次数
1996	741	151	186	2007	911	127	66
1997	153	116	178	2008	633	86	82
1998	130	128	122	2009	335	68	62
1999	150	122	134	2010	161	66	61
2000	371	138	132	2011	1536	114	80
2001	221	145	114	2012	250	85	96
2002	1014	93	131	2013	554	79	80
2003	198	79	106	2014	807	90	113
2004	409	99	94	2015	123	98	79
2005	101	77	87	2016	222	68	89
2006	726	112	97	2017	61	58	97

资料来源：英国统计局。

① https://www.ons.gov.uk/employmentandlabourmarket/peopleinwork/workplacedisputesandworkingconditions/datasets/labourdisputeslabd01.

从罢工的领导者来看，由于英国工会力量强大，且与工党关系密切，因而也是罢工运动主要的组织者和领导者。在金融危机后英国的罢工运动中，只有极少数罢工是没有任何领导的工人自发行为，如2009年上半年林森（Lindsey）石油精炼厂工人为捍卫工作权利进行的罢工。有学者对这种自发的罢工行动给予了高度评价，认为这是"自20世纪70年代以来很少出现的斗争形式"，"标志着运动呈现性质上的转向"[①]。但总体上看，这种形式的罢工规模小、数量少，绝大多数尤其是大规模的、产生广泛社会影响的罢工抗议都是工会组织的，如：英国2009年6月10日伦敦地铁工人举行罢工，组织者为4个地铁工会。2010年3月20—22日，英国工会联合会组织航空公司1.2万空乘人员罢工。2011年6月30日，英国全国教师工会和公共部门与商业服务工会组织75万名公办学校教师和公务员举行罢工。2011年11月30日的罢工由英国工会联合会协调发起，获得英国全国教师工会、公共和商业服务员工工会和移民服务工会等组织的支持。2014年10月18日开始，英国公共和商业服务员工工会、英国工会联合会和英国工会联盟组织发起了主题为"英国需要涨工资"的游行示威，在伦敦、格拉斯哥等各大城市都组织了大规模的罢工游行。

金融危机以来，工会领导工人对英国政府的紧缩政策、削减养老金、延迟退休等损害工人权益的做法进行了抗议，也取得了一定的成果，这反过来又激励着更多的人加入工会。英国《劳工研究》2012年第2期文章显示，2011年11月英国公共部门大罢工前后，加入各公共部门工会的人数明显增长。其中拥有约12万会员的英国大学和学院工会（UCU）在11月有2500人加入；拥有16万成员且在其127年发展历史中首次参与全国罢工行动的英国教师和讲师工会（ATL），2011年11月末比2010年同一时期的入会率提高了5%；英国物理治疗师特许学会（CSP）入会率增加了

---

① "The Radical Left and the Crisis", *International Socialism*, Issue 126, Apr. 10, 2010, http://www.isj.org.uk/index.php4?id=634&issue=126.

15%。除公共部门工会外,其他工会组织也有受益。一般工人工会(GMB)在2011年10月和11月分别增加了8000人和12000人,而2010年同一时期分别只增加了6000人和7000人;英国最大的联合总工会(General Union United)2011年下半年的公共部门会员数增加了6600人。① 另据每两年进行一次的、对英国总工会(TUC)55个附属工会中代表了97%会员的48个工会的调查显示,2007—2011年间,新入会的年轻人比例从29%增加到48%。②

但从总体来看,英国的罢工运动尽管在维护工人权益方面取得了一定效果,但并不足以威胁英国的资本主义制度。这也是由多方面的原因造成的。首先,产业结构的调整导致制造业就业比例大幅度下降,工人阶级的组织化程度大大削弱。自1978年到2005年,英国服务业的工作机会从1480万上升到2150万,增加了45%,而制造业的工作机会则从690万锐减至320万,下降了54%。由于第三产业的特点是流动性、灵活性较大,规模相对较小,因此,随着越来越多的人在较小型的工作单位里工作,工人阶级的"大规模化"已不复见。其次,产业结构和就业结构的调整使工会的力量受到极大影响。1979年工会会员人数达到1300万,而如今,则降至600万。③ 最后,在当前英国的工人运动中,经济罢工仍是工人运动的主要形式,这一方面是因为工人知道"正是这种增加工资的要求的广泛性,正是罢工的全面性,最能吸引大量新的参加者,最能保证冲击的力量并赢得社会的同情,最能保证工人本身的成功和工人运动的全民意义"④;另一方面也是因为工人阶级的阶级意识与战前相比,有了明显的下降。工人阶

---

① "UK Unions Report Recruitment Bonanza from Pensions Strike", Jan. 25, 2012, http://www.lrd.org.uk/issue.php? pagid=1&issueid=1499.
② Beth Holmes, "Unions Recruiting More Minority Workers", http://www.personneltoday.com/articles/2011/09/13/57949/unions-recruiting-more-minority-workers.html.
③ [英]菲尔·赫斯:《"自在"还是"自为":工人阶级的阶级意识瓦解了吗》,《马克思主义研究》2009年第10期。
④ 《列宁全集》第21卷,人民出版社1990年版,第327页。

级阶级意识的下降直接导致的后果就是工人运动主要是在资本主义体制内进行经济斗争，经济诉求明显高于政治诉求，缺乏对资本主义制度的批判和斗争，缺乏对社会主义替代方案的明确表达，从而导致"工人阶级并未能充分认识到自己的阶级地位和阶级利益，特别是没有形成作为全球工人阶级的意识，缺失对抗全球资本统治的主体性和自觉性，仍然处于'自在阶级'状态"①。

2. 马克思主义节

英国的马克思主义节（Marxism Festival）是由英国社会主义工人党所举办的马克思主义学术活动，每年7月份在伦敦举办，每次时间为4—5天。

马克思主义节始于1977年的反帝国主义运动，2004年开始成为开放的世界性的聚会。马克思主义节的主旨是"一个抵抗的节日"，每年会结合当时的国际国内形势和热点问题确定该年度的主题。近十年来，马克思主义节的举办时间和主题分别为：2007年7月5—9日，主题为"反抗"；2008年7月3—7日，主题为"抵抗"；2009年7月2—6日，主题为"挑战资本主义与战争"；2010年7月1—5日，主题为"改变这个世界"；2011年6月30日至7月4日，主题为"改变当前的制度"；2012年7月，主题为"解释这个混乱的世界"；2014年7月10—14日，主题为"1914—2014：一个战争、危机和革命的世纪"；2015年7月9—13日，主题为"革命"；2017年7月6—9日，主题为"如何改变这个混乱的世界"。2018年的马克思主义节于7月5—8日在伦敦举行。②

马克思主义节是英国马克思主义者和左派的盛大节日，每年都吸引着来自世界各地的数千人参加，围绕着活动主题和当前的热点进行热烈的讨论。如2009年随着国际金融危机和欧债危机的展开，资本主义面临着严重的困境，因此活动开幕式的主题就是"资本主义不灵了——改变这个世界"，齐泽克、伊格尔顿、贝拉

---

① 姜辉：《论当代资本主义的阶级问题》，《中国社会科学》2011年第4期。
② https://marxismfestival.org.uk/#.

米·福斯特、大卫·哈维、克里斯·哈曼等人都对危机及其与资本主义制度的关系等问题进行了发言。2010年的主题是"改变这个世界",其议题涵盖了世界左翼关注的各个方面,如共产主义观念、妇女解放、资本主义与危机、反法西斯主义、英国的阶级斗争、市民自由与国家、帝国主义等。齐泽克、霍洛威和卡利尼科斯、塔利克·阿里等都做了精彩发言。2017年,英国工党的竞选宣言出现了明显的左转,因此数千名参加者在本次活动中围绕着如何在支持科尔宾的社会主义政策的基础上改变这个世界进行了讨论,并探讨了如何发起反击种族主义、紧缩和战争的斗争等问题。

从马克思主义节的主题来看,其关注的问题主要集中在批判资本主义制度,对当前的混乱进行分析并揭示其原因,改变当前的现状与制度等。尤其是自金融危机以来,马克思主义节的主题关键词基本是抵抗(resistance)、改变(change)、挑战(challenge)、革命(revolution)、危机(crisis)和混乱(turmoil),热点议题包括:资本主义与危机、帝国主义、移民、解放等。该活动通过对这些问题的讨论,不仅吸引了越来越多的全球马克思主义者的关注,而且加强了马克思主义者之间的沟通与交流,深化了马克思主义的影响力。

3. 左翼刊物举办的年会

英国有许多左翼刊物,如《历史唯物主义》《马克思主义研究》等,并且都会举办年会,对马克思主义及其相关问题进行探讨。

英国的《历史唯物主义》杂志举办的"历史唯物主义年会"每年在伦敦大学或加拿大约克大学举办一次。2008年金融危机以来,该年会结合资本主义的现状,对危机以及马克思的理论等问题进行了探讨。如2009年,该年会由弗雷德里克·詹姆逊做主题演讲,题目是"重释资本:阅读马克思《资本论》第1卷的新假设"。詹姆逊认为,马克思思想的核心问题是资本统治下的革命斗争所面临的悖论和矛盾，在当前危机前途未卜的情况下，重温马克思《资本论》的思想具有重要意义。英国著名政治学家鲍伯·杰索普讨论了此次危机的政治后果，认为资本主义正运用"国家"的力量拯救自己，这表明新自由主义的意识形态陷入了危机，国家在经济中所起的作用将再次成为论争的焦点。当前的反危机措施表明，我们进入了后自由主义时代，国家的作用注定将会发生转变。① 2010 年，随着危机的不断发酵，年会加强了对危机的讨论，主题就是"这次危机"。2011 年年会主题是"资本空间，斗争时刻"。2012 年年会主题是"重如噩梦"。2013 年年会主题为"建立世界工人阶级"。2014 年年会主题是"资本主义如何生存"。

除"历史唯物主义年会"外，英国许多刊物也会举办自己的年会。如英国的《马克思主义研究》杂志主办的"政治学年会"，《马克思与哲学社会》杂志主办的"马克思与哲学学会年会"等。

除上述活动外，英国的《资本与阶级》杂志会针对当今社会主义运动的各个方面，以及不同时期的热点问题，诸如经济危机、生态环境危机等，推出不同的特刊进行专门讨论。例如，2007 年第 31 期的"左翼与欧洲"，2013 年第 1 期的"监管方法和当代危机"，2014 年第 1 期的"政治经济学和资本主义多样性"，2015 年第 2 期的"马克思主义与内在关系哲学"，等等。这些特刊都是针对当时全球政治、经济、社会发展的最新状况向全球的马克思主义学者征文，体现出马克思主义的与时俱进性。

---

① 鲁绍臣：《""另一个世界是必要的"——2009 年英国马克思主义者的心声》，《云南大学学报》（社会科学版）2011 年第 4 期。

第六章　英国社会主义发展的总体特征与前景

在《共产主义原理》中，恩格斯曾指出："共产主义革命发展得较快或较慢，要看这个国家是否有较发达的工业，较多的财富和比较大量的生产力。因此，在德国实现共产主义革命最慢最困难，在英国最快最容易。"① 然而，在英国这个最早发生工业革命的国家，却并未出现马克思和恩格斯所期望的革命高潮：英国共产党一度出现分裂和衰退，而主张改良的工党却在英国政治舞台上占据了重要地位。如何看待这种现象？英国社会主义发展的总体特点是什么？对于这些问题的研究不仅有助于我们正确认识英国的社会主义，把握其发展前景，而且也有助于我们理解和把握发达国家尤其是欧洲国家的社会主义。

一　英国社会主义发展的总体特征

各国社会主义的发展都是与本国的具体情况相联系的。英国亦是如此，其社会主义发展与其国内经济、政治、工人运动的发展相联系，呈现出自己的特征。

1. 社会主义运动和思潮活跃

英国作为社会主义的发源地，同时也是《共产党宣言》的诞生地，在这片土壤上社会主义思想有丰富的理论滋养。这不仅为

---

① 《马克思恩格斯文集》第1卷，人民出版社2009年版，第687页。

英国的社会主义运动提供了理论支撑，也为各种社会主义思潮的形成和发展提供了理论源泉，从而使英国的社会主义运动与思潮一直比较活跃。

从思潮来看，空想社会主义起源于英国，其后又出现了许多社会主义流派与思潮，如英国共产党历史学家小组、英国新左派、分析的马克思主义、民主社会主义、市场社会主义、生态社会主义，等等，在不同的时期结合当时英国的特点对资本主义和社会主义相关问题进行了分析和研究，成为国外社会主义思潮和流派中的重要组成部分，对英国工人运动和世界社会主义运动的发展起着推动作用。在这一过程中，英国也涌现出了大量的马克思主义学者，如艾瑞克·霍布斯鲍姆、G. A. 柯亨、佩里·安德森、唐纳德·萨松、大卫·哈维、克里斯·哈曼、戴维·佩珀、德里克·沃尔、戴维·米勒、肖恩·赛耶斯，等等。

从运动来看，由于英国最早完成了工业革命，资本主义的基本矛盾也更早地显现出来，反抗资本主义的工人运动也随之发展。英国工会在17世纪末就已出现，是世界上最早成立的工会组织。1836—1848年英国爆发了争取普选权的宪章运动，被列宁称为是世界上第一次广泛的、真正群众性的、政治性的无产阶级革命运动。此后，随着英国工会组织的日益发展与强大，英国工人的罢工运动更是如火如荼地展开，维护了工人阶级的利益。2008年金融危机以来，英国更是在2011年11月30日爆发了32年来最大规模的公营部门大罢工，举行了超过1000场游行示威。

2. 改良主义影响较大

改良主义在英国劳工运动发展上一直占据重要地位，不论是英国的工人运动还是政党的发展都在一定程度上受其影响。

从工人运动来看，工联主义对英国劳工运动影响至深。尤其是随着英国经济的发展，统治阶级为了缓和劳资关系，提高了工人绝对工资的水平，建立和完善了福利制度，改善了工人的工作条件等，使工联主义在英国更为盛行。这也造成了工人运动主要是在资本主义体制内进行经济斗争，其经济诉求明显高于政治诉求，缺乏对资本主义制度的批判和斗争，缺乏对社会主义替代方案的明确表达。正如马克思所说："工联作为抵制资本进攻的中心，工作颇有成效。它们遭到失败，部分是由于不正确地使用自己的力量。总的说来，它们遭到失败是因为它们只限于进行游击式的斗争以反对现存制度所产生的结果，而不同时努力改变这个制度，不运用自己有组织的力量作为杠杆来最终解放工人阶级，也就是最终消灭雇佣劳动制度。"①

从英国共产党的发展来看，第二次世界大战后英共根据当时的国内和国际形势提出了"和平过渡"论，试图回答在英国这样的资本主义国家如何实现社会主义。从英国的现实来看，和平过渡方式确实是英国实现社会主义的可行路径之一。但是，对于在实现和平过渡的过程中，如何扩大英共的力量并使其能够引导广泛的民主联盟最终走向社会主义，英共并未在党章及其理论中作出明确的说明。而且随着时间的推移，英共在和平过渡问题上也日益表现出与民主社会主义趋同的迹象，譬如其在纲领中不提无产阶级专政，而提出要把英共建设成为一个群众性的党，等等，这些都使共产党失去了其作为无产阶级政党的特色，与其他左翼政党和改良主义的政党的界限日益模糊。在1991年英共更是在党纲中宣称该党的存在是为了使其成员能够为民主的、人道的和绿色的社会主义人民运动作出贡献，并将党的名称改为"民主左翼"，使其彻底社会民主党化。

从工党来看，尽管它是由工会和社会主义团体所组建的代表劳工利益的政党，但从其成立之初，就主张改良主义，希望通过对资本主义的和平的、渐进的改良而进入社会主义。尤其是在20世纪90年代后，为了走出困境，工党内的右翼力量占据上风，对工党进行了改革与转型，推行"第三条道路"，废除了原党章第四条

---

① 《马克思恩格斯文集》第3卷，人民出版社2009年版，第78页。

的"公有制条款",将工党定位成一个以共同价值观而非只以"阶级"为基础的支持者的群体,从而使工党进一步改良和右转,在政治光谱上由左翼政党转为中左翼政党。

3. 内部分歧和斗争不断

从英国共产党方面来看,在冷战期间,受苏共二十大赫鲁晓夫"秘密报告"、波匈事件、中苏论战等事件的影响,英国共产党内部就发生了严重的思想混乱和分歧,导致其在第二次世界大战后出现了三次大的分裂,使英共的力量受到极大的影响,人数急剧下滑。而在苏东剧变后,共产党组织进行了重组,除英国共产党外,还有英国新共产党、英国共产党(马列主义)、英国革命共产党(马列主义)等。但在这些党派之间仍存在分歧,导致其难以整合力量来共同反对英国资产阶级和资本主义制度。其分歧主要表现在两个方面:一是指导思想上的分歧。如英国新共产党和英国共产党(马列主义)的成立就是因与原英共在思想上产生巨大分歧。2004年成立的大不列颠共产党(马列主义)则认为英国共产党被修正主义所控制,强调该党的理想根植于马克思列宁主义、苏联十月革命和中国革命。二是对具体事务和政策的分歧。如关于共产党组织与工党的关系,英国共产党、英国新共产党等多赞同加强与工党的关系,英国共产党在2017年大选中还号召所有党员投票给工党,而英国革命共产党(马列主义)则认为工人阶级应该摒弃那种政治斗争由政客尤其是工党来进行的观念,主张工人阶级应依靠自己的力量进行经济斗争和政治斗争。再譬如对移民的态度,英国共产党(马列主义)因其强烈反对移民而与其他共产党组织存在分歧。

从英国工党来看,工党内部左右翼的分歧和斗争也一直存在。第二次世界大战后,面对变化了的国内经济政治形势,工党内部就发生过关于社会主义的争论,对于是否修改党章第四条也进行过斗争。20世纪70年代,工党内部争夺主导权的斗争更为激烈,在工党左翼取得党内主导权后,比尔·罗杰斯联合罗伊·詹金斯宣布退出工党，成立英国社会民主党，随后有13位工党议员退出工党加入社会民主党。到1981年年底，共有23名议员退出工党加入社会民主党。20世纪90年代布莱尔当选工党领袖以来，推行"第三条道路"，在1997—2010年组织了连续四届内阁，取得了连续执政时间最长的好成绩，但党内的分歧并未消弭。2015年科尔宾上台后，宣布了一系列"左转"的政策主张，更是引发了工党内部左右两翼的热议和争论。

从英国共产党和工党的关系来看，英共成立时工党就对其采取排斥态度。1920年英国共产党成立后曾申请加入工党，但遭到工党全国秩序委员会的拒绝，理由是"共产党的目标与工党的'党章、原则与纲领'不一致"。1924年的工党年会禁止英共在工党内开展活动，1925年年会禁止英共党员在工党地方性组织中担任职务。对于英国共产党希望和工党联合的愿望，艾德礼曾指出，英国共产党的"党员所信奉的行动策略是工党所不要的。他们以为采用合宪法的行动的方法是错误的。这自然是一个有争论的命题，但是这与全心全意支持工党是十分不相容的……它不信奉工党的策略并且也不真正赞成多数这一规则。它的整个哲学是以一个积极活动的少数掌握政权为基础的，象独立工党一样，它是不民主的"①。尽管随着时间的推移，工党对英共的态度有所缓和，英共办的共产主义大学也会请工党的议员来讲课，但主张改良主义的工党在奋斗目标、实现方式等方面都与英国共产党存在根本分歧。

4. 力量的重组和理论的重塑

苏东剧变以后，英国共产党（"晨星报派"）逐渐把英国共产党这个名称和旗帜接过来。它强调以马克思主义理论为指导，把民主集中制作为组织原则，主张把马克思主义与本国斗争实际相结合。该党吸取了原英国共产党最终社会民主党化的教训，强调仍要坚持马克思的阶级分析方法，强调工人阶级在实现社会主义

---

① ［英］艾德礼：《工党的展望》，吴德芬、赵鸣岐译，商务印书馆1961年版，第72页。

的道路中的主导作用。英共指出，在现阶段，要选举真正代表工人阶级和人民的工党执政，并尽最大可能对其施加压力，确保工人运动再次掌握在工人阶级手中；在左翼政府获得更多的支持后，工人阶级必须要控制国家权力，必须要把政治和经济上的权力以及国家机器转移到工人阶级及其同盟手中，这样才能最终实现向社会主义的过渡。

除英国共产党外，英国新共产党、英国共产党（马列主义）、大不列颠共产党（马列主义）和英国革命共产党（马列主义）也都坚持马克思主义并坚持展开党的活动。从目前来看，尽管这些党的力量仍然较弱，但在英国的许多重大问题如金融和债务危机、脱欧等问题上，都发出了自己的声音。

英国工党在2010年大选失利后也开始对之前的"第三条道路"进行反思，尤其是在科尔宾上台后，不仅提出了一系列的激进措施，带领着工党开始左转，而且在大选中吸引了众多的年轻人和普通民众，使其面临的困境得到了缓解。然而，在2019年英国大选中，工党再次败北。不仅如此，在2019年12月12日下院选举中，工党仅赢得203个议席，比先前少59席，工党议员获得总选票数的32.2%，比上一次选举减少7.8个百分点。这是1935年以来，工党在议会选举中表现最糟的一次。面对选举失利，科尔宾提出，不再领导工党参加任何竞选，会带领工党"反思"失误。在大选惨败的情况下，科尔宾的政策也受到质疑。英国前首相、工党前党首托尼·布莱尔就在2019年12月18日指出，工党本次在议会下院选举中惨败，党首杰里米·科尔宾难辞其咎，工党必须作出改变，否则可能再也无法赢得选举。在近年来欧洲民主社会主义政党大多都面临选举失利的形势下，工党到底应如何重塑以赢得更多支持、获取胜利仍将是其面临的重大挑战。

二　英国社会主义的发展前景

尽管就目前的状况来看，社会主义在英国处于低潮期，但英国国内仍存在促进和推动社会主义发展的因素，社会主义在未来必将会有较大的发展。

1. 促进和推动社会主义发展的因素

第一，社会不平等状况加剧。21世纪以来，英国的社会不平等状况日益加剧。2010年大选前，英国国家平等委员会在《英国经济不平等状况剖析》报告中就已指出："目前英国贫富差距的状况意味着——几乎不可能建立一个具有凝聚力的社会。"① 2016年9月13日，英国乐施会公布的一项调查显示，大约63.4万英国最富有的人拥有的资产是最贫穷的1300万人所拥有总资产的20倍。英国最富有的10%的人口拥有该国总财富的54%，而占人口总数20%的底层贫困人群仅拥有该国总财富的0.8%，财富分配极度不均。贫富差距拉大加剧了英国社会的分裂。乐施会的报告指出，英国是世界上贫富差距最大的发达国家之一。在高管薪酬飞涨的同时，还有1/5的人口处于贫困线以下，每天为了支付账单、养家糊口而挣扎着。尤其是自2008年金融危机以来，经济萧条的负面影响被更多地加载在穷人身上。截至2015年，英国富人的资产同金融危机前相比上涨了64%，而穷人的资产却缩水了57%。②

第二，工人阶级的队伍逐渐扩大。随着垄断资产阶级对国内经济剥削和政治控制的深化，工人阶级的队伍不断壮大。根据英国国家社会研究中心2007年1月公布的数据，57%的人认为自己是工人阶级。尽管与20世纪五六十年代相比，这个比例有所降低，但在主流媒体反复宣称广大民众已"都是中产阶级"时，仍有57%的人将自己定位为工人阶级这一事实深刻表明了所谓的"中产阶级"生活水平已严重下降，其阶级结构已经不再如20世纪八九十年代那样呈现橄榄形状态，而是更为明显的两极分化，许多

---

① 《英国骚乱打破撒切尔改革神话》（http：//www.guancha.cn/WenZhai/2011_09_02_59777.shtml）。

② 《贫富差距扩大加深英国社会裂痕》（http：//finance.sina.com.cn/stock/usstock/c/2016-09-26/doc-ifxwevmc5517084.shtml）。

中产阶级重新滑入工人阶级的队伍。在工人阶级队伍扩大的同时，工会的力量也进一步加强。2014年英国有640万人参加了工会，工会成员在所有雇员中所占比例为25%。①

第三，资本主义基本矛盾日益深化。马克思和恩格斯早就指出："资本主义生产作为一个暂时的经济阶段，充满着各种内在矛盾，这些矛盾随着资本主义生产的发展而发展，并日趋明显。"②"资本的垄断成了与这种垄断一起并在这种垄断之下繁盛起来的生产方式的桎梏。生产资料的集中和劳动的社会化，达到了同它们的资本主义外壳不能相容的地步。"③ 2008年国际金融危机及其后欧债危机的爆发都表明了资本主义基本矛盾不仅没有克服，反而日益深化。与此同时，移民问题、种族不平等问题等社会问题也日益凸显，社会矛盾日益加剧。如英国平等和人权委员会在2016年8月18日发布的英国种族状况的报告指出，在过去的5年内，英国的种族问题有多方面的恶化。报告显示，英格兰与威尔士地区登记在案的仇恨犯罪有82%是出于种族动机。之所以如此，与种族不平等有密切关系。报告还指出，英国少数族裔的失业率高达12.9%，远远高于白人的6.3%，而拥有大学以上学历的黑人雇员所得平均薪酬较同等学力的白人要低23.1%。④

第四，马克思主义和社会主义的价值取向日益受到重视。2008年金融危机以来，西方国家掀起了《资本论》的阅读热潮，马克思主义成为许多人认识和解释资本主义的理论武器。在英国，马克思的思想也越来越受重视。英国布里斯托大学教授特里尔·卡弗就指出："2008年国际金融危机全面爆发并引发经济衰退后，作为世界重要金融中心之一的英国越来越重视马克思思想。很多著名

---

① 《罢工"定时炸弹"：英国工会是怎样的存在？》（http://www.ihuawen.com/hw/article/1325）。
② 《马克思恩格斯文集》第10卷，人民出版社2009年版，第635页。
③ 《马克思恩格斯文集》第5卷，人民出版社2009年版，第874页。
④ 《英国种族不平等问题恶化》（http://world.huanqiu.com/hot/2016-08/9338820.html）。

的新闻栏目以及主流报刊开始向普通观众和读者阐述马克思的基本经济理论。……马克思对资本主义的批判学说……让当代英国年轻人感到耳目一新。"① 2018年是马克思诞辰200周年,英国作为马克思曾长期生活、工作和战斗的国家,更是掀起了一股"马克思"和"马克思主义"专著的出版热潮。如英国布鲁姆斯伯里出版社于2018年4月6日出版了加拿大约克大学社会学副教授马赛罗·默斯托的《另一个马克思:早期的国际手稿》,该书以《马克思恩格斯全集》原著为依据,严谨解读分析了马克思为人们忽略或误解的诸多生活、思想细节,对马克思的思想进行了细致的创新思考,描绘了人们以往并不熟知甚至是令人耳目一新的"另一个马克思"。鹈鹕社2018年4月出版了英国著名社会主义历史学家格雷戈里·克拉埃斯的《马克思与马克思主义》。该书指出,不断出现的金融危机、日益严重的社会不平等和不公正,正促使人们重新理解和发现马克思,马克思和马克思主义对于今天的世界依然重要。根据大英图书馆提供的数据,2015年至2017年,图书馆收藏的相关专著和论文均超过300部(篇)。② 英共总书记罗伯特·格里菲斯也表示,现在英国又兴起了新一轮马克思受欢迎的热潮,仍然有许多人在读马克思的著作,"因为我们发现,当前的资本主义体制并不能解决社会出现的许多问题。例如2007—2008年出现的全球金融危机,直到现在,许多政要和经济学家还是没有弄明白为什么会迎来这样一场危机。因此,人们在探寻一种替代资本主义的制度,寻找一种新的制度,而这也鼓励了人们更多地阅读马克思的经典著作。"③ 这些都表明,尽管与马克思所处的时代相比,世界已经发生了翻天覆地的变化,但全球资本主义时常面临动荡与危机,马克思的思想显示出强大的时空穿透力,依然可以

---

① 《当今世界的真理》,《人民日报》2013年3月18日。
② 《英国掀起马克思主义专著出版热(书界观察)》,《人民日报》2018年5月1日。
③ 《马克思主义对解决现实问题具有指导意义》(http://jb.sznews.com/MB/content/201805/29/content_ 377774.html)。

为解决当前人类文明的发展难题提供丰厚的思想指引。而2017年大选中年轻人和普通民众对科尔宾的支持也表明人们对保守党政府所执行的有利于垄断资产阶级的政策日益不满，社会主义的价值取向必然会受到越来越多的重视。

2. 英国社会主义面临的挑战

尽管存在推动和促进社会主义发展的因素，但要真正实现社会主义，还面临许多挑战。

第一，对于英共而言，必须要进一步加强理论和组织建设。从英共的发展可以看出，其在二战后的衰退主要是由于二战后对国际共产主义运动中的一些重大事件认识产生分歧而导致分裂。中苏论战、波匈事件、苏军入侵捷克和阿富汗等事件，都在英共党内引起了巨大分歧。在这种情况下，英共中央没能统一认识，无法从理论上解决社会主义国家在建设中走什么路的问题，也没有明确各国无产阶级政党之间在彼此交往中应遵循的原则，而是盲目追随苏共，试图以僵化的理论统一全党的认识，从而使党内的分歧不仅无法解决，反而日益加剧，最终导致分裂与衰退。而在苏东剧变后，尤其是金融危机以来，尽管英共对英国资产阶级政府及其采取的措施进行了深刻的分析和批判，也提出了自己的理论主张，但从总体来看，对于如何既保证工人阶级的利益又能扭转英国经济的不利局面，英共并没能提出富有成效的政策理论主张。在有利于左翼发展的态势下，只有将马克思主义的普遍原则同英国的实践相结合，使理论能解释英国的现实并指引未来的发展方向，更贴近民众的需求，才能吸引更多的人加入共产党的阵营，使其力量进一步壮大，并真正引领英国的工人运动向社会主义运动发展。

第二，必须要整合力量。从英国目前的情况来看，存在多种左翼政党组织和力量，但这些组织和力量却呈现出碎片化状态，难以进行整合。在共产党和工党之间、各个共产党组织之间、共产党和其他左翼组织之间，都缺乏积极有效的合作。马克思和恩格斯早就指出,工人运动的成功只能靠团结和联合的力量来保证。整合首先是在各个共产党组织之间。在主要目标一致的情况下,各共产党组织应加强合作与沟通,就工人运动以及国内和国际重大问题联合发声,从而增强影响力和吸引力。整合还表现在共产党和其他左翼政党和组织之间的合作,团结一切可以团结的力量。要通过先进的理论将更多的左翼组织和政党整合起来,扩大反垄断同盟的力量,并确保英共在这一同盟中的主导地位,以引导英国最终走向社会主义道路。

第三,共产党必须加强对工人运动的领导。从目前的状况看,工人运动主要是工会组织的,经济罢工仍是罢工的主要形式。这一方面是因为工人阶级的阶级意识与战前相比,有了明显的下降;另一方面是因为工会力量的强大,而其主要目标就是维护工人阶级的经济利益。因而,在当前的情况下,工人运动主要是在资本主义体制内进行经济斗争,争取更多的权益是其主要目标,缺乏对英国资产阶级政府及资本主义制度的批判和斗争。面对这种状况,"共产党和整个先进的无产阶级尤其必须从各方面全力支持广泛的和自发的群众罢工运动,因为在资本的压迫下,只有这种运动才能真正唤醒、推动、启发和组织群众,才能教育群众充分信任革命无产阶级的领导作用"[1]。其中尤为重要的是,必须要从理论上加快马克思主义大众化的步伐,借此提高工人阶级对马克思主义理论的认知程度,通过科学理论的指导使工人阶级明确认识到自己的阶级地位和阶级利益,从"自在"走向"自为"。

---

[1] 《列宁全集》第39卷,人民出版社1986年版,第188页。

参考文献

《马克思恩格斯全集》第8卷，人民出版社1961年版。

《马克思恩格斯文集》第1、2、3、5、9、10卷，人民出版社2009年版。

《列宁选集》第3卷，人民出版社1995年版。

《列宁专题文集·论马克思主义》，人民出版社2009年版。

《列宁专题文集·论资本主义》，人民出版社2009年版。

《列宁全集》第21卷，人民出版社1984版。

《列宁全集》第27卷，人民出版社1990年版。

《列宁全集》第39卷，人民出版社1986年版。

《罢工"定时炸弹"：英国工会是怎样的存在？》（http：//www.ihuawen.com/hw/article/1325）。

白宛玉：《2010年英国大选工党落败的经济政治原因》，《经济研究导刊》2016年第31期。

陈林、林德山主编：《第三条道路：世纪之交的西方政治变革》，当代世界出版社2000年版。

陈祥勤：《当前西方左翼思潮对世界资本主义体系的分析、研判和展望》，《毛泽东邓小平理论研究》2015年第7期。

《当今世界的真理》，《人民日报》2013年3月18日。

《各国社会党重要文件汇编》（第二辑），世界知识出版社1962年版。

顾俊礼：《欧洲政党执政经验研究》，经济管理出版社2005年版。

《国外各界评议美欧危机》（http：//www.guancha.cn/america/2011_12_22_63413.shtml）。

何大隆编译：《外国经济体制概论》，新华出版社1985年版。

胡淑慧：《金诺克与工党重建（1983—1992）》，华东师范大学2004年博士学位论文。

姜辉：《论当代资本主义的阶级问题》，《中国社会科学》2011年第4期。

金重远：《战后西欧社会党》，上海人民出版社1997年版。

巨英：《英国工党"第三条道路"评析——20世纪90年代以来英国工党的理论与实践》，新疆大学2005年硕士学位论文。

来庆立：《革新将从"新工党"和"蓝色工党"的结合开始——英国工党对未来的政治理念和实践走向展开讨论》，《当代世界与社会主义》2012年第5期。

李华峰：《米利班德的"左转"计划》，《中国社会科学报》2014年7月30日。

李华峰：《英国工党政坛沉浮与主导思想的关系研究》，中国社会科学出版社2013年版。

李培林：《当今英国社会阶级阶层结构的变化》，《国际经济评论》1998年第6期。

林德山：《英国新工党的现代化改革简析》，《欧洲研究》2006年第2期。

刘成：《试述英国工党"第三条道路"的历史背景》，《学海》2003年第4期。

刘成：《英国工党公有制思想与政策的演变》，《南京大学学报》（哲学·人文科学·社会科学）2002年第5期。

刘洪才主编：《当代世界共产党党章党纲选编》，当代世界出版社2009年版。

刘建飞：《布莱尔——英国新首相与工党》，当代世界出版社1997年版。

刘俊杰：《从英国杂志〈马克思主义研究〉看"历史的终结"》，《新西部月刊》2008 年第 11 期。

刘佩弦等：《马克思主义与当代辞典》，中国人民大学出版社 1988 年版。

刘书林：《麦克唐纳社会主义新评》，中国人民大学出版社 1989 年版。

刘淑春摘编：《英国工党关于什么是社会主义的辩论》，《当代世界社会主义问题》1995 年第 1 期。

刘艳琼：《德里克·沃尔的生态社会主义思想研究》，福建师范大学 2013 年硕士学位论文。

卢卫红：《冷战结束后英国的马克思主义研究状况综述》，《北京行政学院学报》2005 年第 4 期。

鲁绍臣：《另一个世界是必要的——2009 年英国马克思主义者的心声》，《云南大学学报》（社会科学版）2011 年第 4 期。

吕楠：《新时期英国工党执政经验教训及启示》，《当代世界与社会主义》2012 年第 2 期。

吕楠主编：《世界主要政党规章制度文献——英国》，中央编译出版社 2015 年版。

吕薇洲等：《世界社会主义整体发展视阈中的国外社会主义流派》，中国社会科学出版社 2016 年版。

倪学德：《和平的社会革命》，中国社会科学出版社 2005 年版。

聂运麟：《金融危机与资本主义国家共产党的理论与策略》，《当代世界与社会主义》2009 年第 2 期。

聂运麟：《社会主义才是未来》，《红旗文稿》2012 年第 7 期。

《佩里·安德森访谈录》（http://www.sohu.com/a/154645780_425345）。

《贫富差距扩大加深英国社会裂痕》（http://finance.sina.com.cn/stock/usstock/c/2016-09-26/doc-ifxwevmc5517084.shtml）。

齐世荣：《世界通史资料选辑》（现代部分第一分册），商务印书馆

1980 年版。

钱乘旦、陈晓律、陈祖洲、潘兴明：《日落斜阳——20 世纪英国》，华东师范大学出版社 1999 年版。

裘援平、柴尚金、林德山：《当代社会民主主义与"第三条道路"》，当代世界出版社 2004 年版。

冉隆勃、王振华：《当代英国——政治·外交·社会·文化面面观》，中国社会科学出版社 1990 年版。

商文斌：《从英共 46 大看其内外政策》，《咸宁学院学报》2004 年第 1 期。

商文斌：《战后英共的社会主义理论及英共衰退成因研究》，中国社会科学出版社 2010 年版。

世界知识出版社编：《各国社会党重要文件汇编》，世界知识出版社 1959 年版。

孙洁：《英国的政党政治与福利制度》，商务印书馆 2008 年版。

孙永艳：《米利班德时期英国工党的工会政策研究》，聊城大学 2015 年硕士学位论文。

童晋：《脱欧：英国共产党的立场表达》，《中国社会科学报》2016 年 9 月 29 日。

《脱欧前后，英国左翼做了什么？》（https://wallstreetcn.com/articles/251788）。

王凤鸣：《"新工党"新在何处？》，《当代世界与社会主义》2002 年第 5 期。

王继停、杨柳：《当前英国工党与工会关系的重构及其影响》，《当代世界与社会主义》2015 年第 4 期。

王军、游楠：《近百年来英国共产党党员的人数变化及其原因分析》，《当代世界与社会主义》2014 年第 1 期。

王燕：《金诺克改革与英国新工党》，《当代世界社会主义问题》2004 年第 2 期。

王展鹏主编：《英国发展报告（2015—2016）》，社会科学文献出版社 2016 年版。

王展鹏主编：《英国发展报告（2014—2015）》，社会科学文献出版社 2015 年版。

吴韵曦：《从"科尔宾现象"看英国工党的变革与面临的挑战》，《当代世界与社会主义》2017 年第 2 期。

徐崇温：《苏东剧变后国外社会主义研究中的几个热点问题》，《马克思主义与现实》1997 年第 2 期。

徐觉哉：《当代社会民主党及其"第三条道路"》，《上海社会科学院学术季刊》2001 年第 3 期。

徐孝明：《英国费边社会主义产生的历史背景与思想渊源》，《杭州师范学院学报》1997 年第 5 期。

许闲：《欧洲银行国有化：一把双刃剑》，《银行家》2009 年第 5 期。

杨雪冬编写：《吉登斯论"第三条道路"》，《国外理论动态》1999 年第 2 期。

杨雪冬、薛晓源主编：《"第三条道路"与新的理论》，社会科学文献出版社 2000 年版。

杨艳：《英国共产党关于建立反垄断联盟的探索》，《社会主义研究》2015 年第 3 期。

《英国共产党会议室悬挂毛泽东像与中共党旗》（http://www.china.com.cn/world/txt/2008-08/04/content_16128119.htm）。

《英国骚乱打破撒切尔改革神话》（http://www.guancha.cn/WenZhai/2011_09_02_59777.shtml）。

《英国掀起马克思主义专著出版热（书界观察）》，《人民日报》2018 年 5 月 1 日。

《英国新共产党论十月革命和社会主义》（http://www.wyzxwk.com/Article/guoji/2017/03/377851.html）。

《英国种族不平等问题恶化》（http://world.huanqiu.com/hot/2016-08/9338820.html）。

余文烈、吕薇洲：《英国工党的市场社会主义模式》，《世界经济与政治》1998年第7期。

张光明编写：《吉登斯"社会主义已经死亡"论的错误》，《国外理论动态》2001年第6期。

张明贵：《费边社会主义思想》，台北联经出版事业公司1983年版。

张顺洪：《构建大众的、民主的、由工人阶级领导的反垄断同盟——英共总书记谈当前国际金融危机》，《红旗文稿》2012年第5期。

张迎红：《英国工党组织体系的现代化》，《当代世界社会主义问题》2002年第3期。

《这里悬挂着五星红旗——访英国共产党总部和英共总书记》（http：//www.cctv.com/news/world/20010629/506.html）。

中共中央党校科学社会主义教研室编：《欧洲共产主义资料选编》（下册），中共中央党校科研办公室，1985年。

《重回工人阶级政党理念，英国工党和科尔宾才力挽狂澜赢得大选》（http：//www.thepaper.cn/newsDetail_forward_1708837）。

驻英国经商参处：《二季度英国失业率再创新低 但生产率继续下滑》，2017年8月17日（http：//www.mofcom.gov.cn/article/i/jyjl/m/201709/20170902638908.shtml）。

《资本主义走向野蛮，"生态社会主义"是出路吗？》（http：//www.360doc.com/content/11/0821/12/7553715_142131755.shtml）。

［德］弗里德里希·艾伯特基金会编：《社会民主主义的未来》，夏庆宇译，重庆出版集团、重庆出版社2014年版。

［德］卡尔·考茨基：《莫尔及其乌托邦》，关其侗译，生活·读书·新知三联书店1963年版。

［德］马克斯·比尔：《英国社会主义史》（上、下卷），何新舜译，商务印书馆1959年版。

［德］托马斯·迈尔：《处在十字路口的第三条道路》，《当代世界社会主义问题》2000年第4期。

［德］乌尔利希·梅迪奇：《吉登斯论"第三条道路"的"第二阶段"》，殷叙彝译，《当代世界与社会主义》2002年第5期。

［德］扬·图罗夫斯基：《面对危机的社会民主党——重新评价西欧社会民主党的政策抉择》，李群英编译，《当代世界与社会主义》2016年第3期。

［俄］普列汉诺夫等：《论空想社会主义》（上卷），中国人民大学编译室等译，商务印书馆1980年版。

［美］A. L. 罗威尔：《英国政府：政党制度之部》，秋水译，上海人民出版社1959年版。

［美］托尼·朱特：《战后欧洲史》（下），林骧华等译，新星出版社2010年版。

［英］G. D. H. 柯尔：《社会主义思想史》（第四卷上册），宋宁等译，商务印书馆1990年版。

［英］阿伦·斯克鲁等：《战后英国政治史》，王子珍等译，世界知识出版社1985年版。

［英］艾德礼：《工党的展望》，吴德芬、赵鸣岐译，商务印书馆1961年版。

［英］安东尼·吉登斯：《第三条道路及其批评》，孙相东译，中共中央党校出版社2002年版。

［英］安东尼·吉登斯：《第三条道路——社会民主主义的复兴》，郑戈译，北京大学出版社、生活·读书·新知三联书店2000年版。

［英］安东尼·克罗斯兰：《社会主义的未来》，轩传树、朱美荣、张寒译，上海人民出版社2011年版。

［英］大卫·哈维：《新帝国主义》，初立忠、沈晓雷译，社会科学文献出版社2009年版。

［英］戴维·麦克莱伦：《马克思的遗产》，《中国社会科学报》2013年3月6日。

［英］戴维·佩珀：《生态社会主义：从深生态学到社会正义》，刘

颖译，山东大学出版社 2005 年版。

［英］菲尔·赫斯：《"自在"还是"自为"：工人阶级的阶级意识瓦解了吗》，《马克思主义研究》2009 年第 10 期。

［英］盖茨克尔：《社会主义与国有化》，李奈西译，商务印书馆 1962 年版。

［英］哈帕·布拉尔：《经济危机的根源与进程》，《光明日报》2013 年 12 月 16 日。

［英］亨利·佩林：《英国工党简史》，江南造船厂业余学校英语翻译小组译，上海人民出版社 1977 年版。

［英］克里门特·艾德礼：《走向社会主义的意志和道路》，郑肃译，商务印书馆 1961 年版。

［英］克里斯·哈曼：《谁来改变这个世界：工人阶级还是大众？》，工力编译，《国外理论动态》2004 年第 11 期。

［英］理查德·斯凯思：《阶级》，雷玉琼译，吉林人民出版社 2005 年版。

［英］马丁·史密斯：《新工党的阶级理论评析——英国工人阶级状况》，《国外理论动态》2007 年第 12 期。

［英］马丁·雅克：《为何科尔宾是新时代的新领袖》（http：//www.guancha.cn/MaDing-YaKe/2017_07_07_416914.shtml）。

［英］玛格丽特·柯尔：《费边社史》，杜安夏、杜小敬等译，商务印书馆 1984 年版。

［英］欧文：《欧文选集》第 1、2 卷，柯象峰、何光来、秦果显译，商务印书馆 2009 年版。

［英］乔·柯尔：《费边社会主义》，夏遇南、吴澜译，商务印书馆 1984 年版。

［英］乔纳森·沃尔夫：《当今为什么还要研读马克思》，段忠桥译，高等教育出版社 2006 年版。

［英］斯蒂芬·怀特：《苏联解体原因研究的反思》，《国外理论动态》2001 年第 11 期。

［英］斯图亚特·汤普森：《社会民主主义的困境：思想意识、治理与全球化》，贺和风、朱艳圣译，重庆出版社2008年版。

［英］索尔·埃斯特林、尤里安·勒·格兰德 编：《市场社会主义》，邓正来、徐泽荣等译，经济日报出版社1993年版。

［英］唐·萨松：《欧洲社会主义百年史》（上、下），姜辉、庞晓明译，社会科学文献出版社2008年版。

［英］特德·本顿：《生态马克思主义》，曹荣湘、李继龙译，社会科学文献出版社2013年版。

［英］特里·伊格尔顿：《马克思为什么是对的》，李杨、任文科、郑义译，新星出版社2011年版。

［英］托马斯·莫尔：《乌托邦》，戴馏龄译，商务印书馆1982年版。

［英］托尼·布莱尔：《新英国——我对一个年轻国家的展望》，曹振寰等译，世界知识出版社1998年版。

［英］韦伯夫妇：《英国工会运动史》，陈建民译，商务印书馆1959年版。

［英］温斯坦莱：《温斯坦莱文选》，任国栋译，商务印书馆2009年版。

［英］萧伯纳等编：《费边论丛》，袁绩藩、朱应庚、赵宗煜译，生活·读书·新知三联书店1958年版。

［英］肖恩·塞耶斯：《马克思主义哲学在英国》，《现代哲学》2008年第2期。

［英］约翰·福斯特：《马克思、马克思主义与英国工人运动：21世纪继续探索的问题》，《当代世界与社会主义》2013年第4期。

"Britain's Communist Take Part in 'High‐Level' Meeting of World's Parties in Beijing", https：//www.communist‐party.org.uk/.

"Building a Responsible Capitalism", https：//www.ippr.org/juncture/building‐a‐responsible‐capitalism.

"Manifesto for Socialism", http：//www.socialist‐labour‐par

ty. org. uk/policies. html.

"Revealed: The Way They Want to Go…or What Tony and Bill Said to Ger and Wim", *New Statesman*, 24 May 1999.

"Socialist Labour Party Statement of Accounts: For the Year Ended 31 December 2014", http://search. electoralcommission. org. uk/Api/Accounts/Documents/16333.

"UK Unions Report Recruitment Bonanza from Pensions Strike", http://www. lrd. org. uk/issue. php? pagid = 1&issueid = 1499.

"For the Many, Not the Few", https://labour. org. uk/manifesto.

"The Radical Left and the Crisis", *International Socialism*, Issue 126, Apr. 10, 2010, http://www. isj. org. uk/index. php4? id = 634&issue = 126.

Barry Wilkins, "The Proletariat, Political Power and Social Transformation in the Communist Manifesto", *Studies in Marxism*, No. 4, 1997.

Beth Holmes, "Unions Recruiting More Minority Workers", http://www. personneltoday. com/articles/2011/09/13/57949/unions – recruiting – more – minority – workers. html.

Dennis Kavanagh and Peter Morris, *Consensus Politics from Attlee to Thatcher*, Oxford: Basil Blackwell Ltd., 1989

Department for Cummunities and Local Government, *Homes for the Future: More Affordable, More Sustainable*, London, 2007.

Dick Richardson and Chris Rootes, *The Green Challenge: The Development of Green Parties in Europe*, London and New York: Routledge, 1995.

Eric Shaw, *The Labor Party Since 1979: Crisis and Transformation*, Routledge, 1994

Goodhart David, "Labour Can Have Its Own Coalition Too", http://www. independent. co. uk/voices/commentators/david – goodhart – labour – can – have – its – own – coalition – too – 2246971. html.

James Klugmann, *The History of the Communist Party of Great Britain:*

Formative and Early Years 1919 – 1924 (*Vol.* 1), London: Lawrence and Wishart Ltd. 1968.

Jeremy Corbyn, "Britain Needs a Government That Will Invest in People in Every Community to Build a Better Future for Every Single Person", https://labour.org.uk/people/jeremy-corbyn/.

Ljumilla Vasina, "The Economic Manuscripts of Karl Marx in MEGA2", *Studies in Marxism*, No. 8, 2001.

Martin J. Bull and Paul Heywood (ed), *West European Communist Parties After the Revolutions of* 1989, Palgrave Macmillan, 1994.

Martin Powell ed., *New Labour, New Welfare State? The "Third Way" in British Social Policy*, The Policy Press, 1999.

Michael Hill, *The Welfare State in Britain, a Political History Since* 1945, Edward Elgar Publishing Company, 1993.

Michael Wilkinson, "Why does Jeremy Corbyn Stand for? Jeremy Corbyn's Policies and Views Explained", *The Telegraph*, 24 Sep, 2015.

Murray Smith, "Where Is the SWP Going?" *International Socialism Journal*, Winter 2002.

Paul Krugman, "Bailouts for Bunglers", *The New York Times*, Jan 1, 2009.

R. C. O. Matthews, *British Economic Growth*: 1856 – 1973, Stanford, 1982.

Richard Swift, "Jeremy Corbyn", *New Internationalist*, November 2015.

Robert Griffiths, "Communists Declare: Vote Labour Everywhere for a Left – led Government", https://www.communist-party.org.uk/britain/elections/2330-communists-declare-vote-labour-everywhere-for-a-left-led-government.html.

Sarah Brich, "Real Progress: Prospects for Green Party Support in Britain", *Parliamentary Affairs*, 62 (1), 2009.

Stuart Hall, "The Great Moving Now Here Show", *Marxism Today*, November/December 1998.

重要网站

http：//socialistresistance.org/

http：//www.cpgb-ml.org/

http：//www.newworker.org/

http：//www.rcpbml.org.uk/

http：//www.socialist-labour-party.org.uk/

http：//www.swp.org.uk/

https：//labour.org.uk/

https：//marxismfestival.org.uk/

https：//www.communist-party.org.uk/

https：//www.greenparty.org.uk

https：//www.ons.gov.uk